초연결시대
치유인문학
공동저서 ❻

초연결시대

相轉移 연구

이 광 래
조 창 오 이 영 의
김 재 경 홍 단 비
정 성 미 김 여 진

앨피

차례

책을 펴내며

강원대학교 인문과학연구소는 한국연구재단 '인문사회연구소 지원사업'(2019)에 선정되어 '초연결시대, 이질성과 공존의 치유인문학'이라는 연구 과제를 수행하고 있다. 이 책은 연구 과제의 2단계 제1차년도 주제인 '초연결시대의 공존의 치유인문학' 이론을 마련하기 위해 출간하고 있는 공동저서의 여섯 번째 책이다.

집필자들은 이 책에서 초연결시대 관계 맺는 방식의 새로운 국면들을 다양하게 조명하는 데 집중했다. 이를 위해 초연결 네트워크 안에서 저마다의 인문학적 주제에 따라 새로운 '이종異種의 물상物象들'과 '이상異象의 징후徵候들'을 발견하고 그것들의 상생적 관계와 건강한 치유에 적합한 연구 방식을 시도하였다. 궁극적으로는 모두가 초연결시대 공존을 위한 '치유적 관계맺기'의 방안을 모색하기 위해서다.

이광래의 특별기고 〈초연결의 역설과 스마트의 배신〉은 이 책이 전하고자 하는 메시지를 압축적으로 담고 있어 전체를 이해하는 데 좋은 길잡이가 될 수 있다. 그 밖의 주제들은 어디부터 읽어도 무방하지만, 둘씩 짝지어 구성하였음을 전하고자 한다.

제1장 조창오의 〈기술과 관계맺기〉와 제2장 이영의의 〈포스트 휴먼 시대의 로봇돌봄: 체화인지적 정당화〉는 기술 및 로봇과 인간과의 관계를 성찰한다. 제3장 김재경의 〈인류세의 새로운 사물(物)과 쓰레기의 이치(理)〉와 제4장 홍단비의 〈초연결시대의 소리 공간과 글쓰기 치료〉는 인간과 비인간 간의 새로운 관계맺기를 모색한다. 마지막 세 번째 파트인 제5장 정성미의 〈초연결사회 소통과 공존: 다문화영화 속 소통을 중심으로〉와 제6장 김여진의 〈초연결 네트워크 속 야누스적 에고를 대하는 철학대화〉는 소수자 및 자기와의 치유적 관계를 모색한 논의들이다.

기술과 로봇, 쓰레기, 소리, 이주민이라는 타자를 거쳐 결국 '자신의 영혼을 돌보라'고 요청하고 있는 이 저서가 독자들에게도 '초연결시대의 공존의 인문학'에 대한 성찰의 계기를 제공하는 데 일조할 수 있기를 기대한다.

2023년 6월 1일

강원대학교 인문과학연구소 김여진

초연결의 역설과 스마트의 배신

|이 광 래|

1

'연결'을 뜻하는 connection(영어)이나 connexion(프랑스어)은 라틴어 connexus에서 유래했다. 본래 con+nexus는 '상호의', '공동의'를 뜻하는 접두사 con과 '결합'이나 '연결', '유대'나 '연계'를 의미하는 명사 nexus의 합성어다. 무엇보다도 '관계의 상호성'을 강조하기 위해서 그렇게 합성한 것이다.

하지만 그 정도의 강조만으로는 오늘날 고도로 다양화, 지능화되고 있는 관계의 상호성을 제대로 설명할 수 없다. 디지털 기술 사회에서의 연결과 결합의 전방위적 관계는 그것의 한계를 정할 수 없고, 그 범위를 상상할 수 없을 만큼 과도한 초과 현상을 나타내고 있기 때문이다. 합성어 connexion만으로는 관계의 상호성에 대한 설명이 턱없이 부족하다.

디지털 싹쓸이digital sweeping는 이미 그 '상호성'에 대한 '강조의 초과'나 '과도한 강조'를 요구한 지 오래다. 결국 con보다 더 강도 높은 의미의 또 다른 접두사 'hyper'가 그 앞에 놓이게 된 것도 그 때문이다. 우리는 기존의 합성어 앞에 또 하나의 접두사 hyper—'~을 넘어서', 또는 '~의 위에'를 의미하는 그리스어 huper에서 유래—까지 덧붙인 초연결의 합성어 'hyper-connected'를 사전보다 먼저 마주하게 되었다. 다시 말해 상호성을 더욱더 강조하기 위해 접두사가 이중으로 동원된 것이다.

이렇듯 따라갈 겨를도 없이 빠르게 진행되는 오늘의 디지털 '상전이相轉移phase transition'는 기술적으로뿐만 아니라 '의미론적'으로도 초연결의 현상을 초래하고 있다. 관계의 상호성에 대한 상전이는 그 조어에서조차 이른바 관계의 '개기일식'을 암시하는 신기 新+奇한 국면이 생겨난 것이다.

2

상전이는 '코페르니쿠스적 전환koperkanische Revolution'을 의미한다. 그것은 태양과 지구와의 상호관계에 대한 인식의 획기적 변화처럼 혁명적인 국면 전환을 가리킨다. 역사에서는 혁명만큼 신기한 이벤트도 없다. 태양중심설인 지동설의 사건(1543)에서도 보듯이 혁명은 언제나 관계맺기에 대한 전면적인 인식의 전환을 요구한다. 그것은 인식론적 개기일식과도 다를 바 없다. 기존의 세상世相에 관한 이해와 관계 방식을 거의 다 바꿔 놓기 때문이다.

디지털 기술이 지배하는 오늘의 세상도 지동설의 세상 못지않게 새롭고 기이하다. 아날로그와는 전혀 딴판의 세상이 들어선 탓이다. 아날로그의 닫힌(정주적) 구조로는 불특정한 관계의 상호성을 더 이상 감당하기 어렵다. 유목적(디지털) 구조에서는 정주적 구조에서 행해 온 '연결관계의 지도그리기mapping of connection'를 더 이상 지속할 수 없다.

디지털 초원에서는 이미 경계의 설정이나 구축, 나아가 지도그리기조차 무의미하다. 거기서는 노마드들마다 정주지도가 설정해 놓은 영토를 탈출하기 위해 나름대로 개발하는 탈주선ligne de fuite 마저도 일정하지 않다. 그곳을 유목하기 위한 각종 플랫폼 테크놀로지가 지배하는 디지털 유목 사회는 그 연결 구조와 방식에서 일체의 상相을 이전과는 전적으로 달리하기 때문이다.

첫째, 디지털의 열린(유목적) 초원은 거대한 초연결의 '망상網狀 구조'다. 그곳은 구조를 연결하는 형태와 방향을 분간할 수 있는 일정한 선형線形의 정주 구조와는 달리 '동시에', 그리고 '전방위로' 연결된 탓에 방위의 구분조차 불필요하다. 그곳은 거대하고 촘촘한 그물net이나 무제한으로 펼쳐지는 직물textura의 얼개, 즉 '메타버스metaverse'나 다름없기 때문이다.

본래 net는 '연결하다'를 뜻하는 인구어印歐語 ned에서 유래한 영어 단어다. 그것은 아예 망을 뜻하는 고대 이집트어의 nett에서 유래한 것으로도 전해 온다. 이렇듯 그물은 (크기에 상관없이) 연결의 상징물이다. 특히 초연결의 그물은 범위(지도)를 그릴 수 없을 만큼 큰 그물인 탓에 그 범위를 느낄 수 없을뿐더러 인지하기도 어렵다. 그 초원을 유목하기에 길들여진 노마드들이 매사에 대하여 '네트net식 사유'에 익숙해진 까닭도 거기에 있다. 그들은 솔루션의 시대답게 그 안에 자신들이 원하는 해결 방안이나 해답이 있다고 생각한다.

그래서 그들은 (기존의 관계값을 직접) mapping하지 않고 netting 한다. 다시 말해 그들에게는 원하는 지도를 직접 그리기보다 누군가 그려 놓은 지도들을 검색하기가 더 빠르고 자연스럽다. 그 거대한 그물망(초원)에 강제로 이주한 이민자이든 원주민이든 각종 플랫폼들을 안식처로 여기는 오늘날의 이른바 신인류(디지털 노마드)에게는 netting이 곧 learning이고 studying이기 때문이다. 그들에게 학습은 망의 조작operation과 다른 표현이 아니다.

둘째, 초연결의 망상 구조는 무수한 '마디들nodes'의 얼개다. 연결을 위한 마디나 매듭이 없는 그물은 있을 수 없다. 이를테면 오늘날 가상의 네트워크에서조차 '중심은 어디에도 없다'거나 '어디에도 있다'[1]는 메를로-퐁티Maurice Merleau Ponty의 주장처럼 무중심주의나 분산주의를 지향하는 경우가 그러하다. 중앙으로 집중하는 거대한 IT 플랫폼(중앙서버) 대신 분산데이터베이스를 쓰는 p2p네트워크 참여자들nodes이 없다면 블록체인blockchain의 마켓 구성이 불가능한 것도 그 때문이다.

이처럼 디지털 초원의 유목민들은 홀로서기나 폐역공포증을 두려워할수록 더욱더 자신이 원하는 net나 chain으로 가상 초원을 만들거나 거기에 적극적으로 참여한다. 다시 말해 그들은 저마다 유목하기 위해 어디든 끝없이 '마디 연결한다. 눈뜨면 휴대전화나 PC로 연결망과 노드부터 찾으려는 강박이나 편집의 일상이 자연스러울 정도다.' 노드가 노마드의 상징물인 것도 그 때문이다. 한마디로 말해 '노드가 곧 노마드'인 것이다.

노드는 지하의 리좀Rhyzome과 같은 가상의 연결 고리들이다. 가상의 초원인 초연결의 그물 조직은 노드들로 인해 유목민의 놀이터가 되는 것이다. 아무리 디지털 네트워크가 초연결의 관계망일지라도 연결 관계의 블록화=분산화를 실현시킨 블록체인이나 블록챗에서 보듯이 전제주의적인 중앙집중화나 중앙집권화에 저

---

1 Maurice Merleau-Ponty, *Signes*, Gallimard, 1960, p. 169.

항하는 노마드의 등장이나 활동을 막을 수 없다.

그런 노마드일수록 디지털 주권의 보장이 어려운 중앙서버 대신 참여자에게 개별적인 마디 연결node connecting과 클라우딩clouding 서비스가 더 자유롭고 탈중앙화된 레저ledger(블록체인 장부)를 활용한다. 가상민주주의의 대체 불가능한 상징물인 NFT에서도 보듯이 거기서는 노마드에게 무엇보다도 분산화, 다중화, 차별화, 익명화가 더욱 잘 보장되기 때문이다.

3

디지털 네트워크라는 초연결상超連結狀의 그물은 거대한 가두리 도구다. 이처럼 그물과 연결은 애초부터 '역설적인' 조합이다. 연결에 의한 '관계-되기devenir-relation' 자체가 분리나 해체를 위한 것이 아니라 그 반대이기 때문이다. 초연결의 그물은 관계의 경로가 메타버스라는 이른바 '초관계적 대영토' 안에서 이뤄진다 하더라도 그 관계의 대상과 범위가 불확정적일 뿐 초대형의 '가두리 기계bord-machine'이기는 마찬가지다. 결국 그것은 '경계 없는 경계'의 거대한 파놉티콘에 다름 아니다.

하지만 초원에서 동시편재적으로 이뤄지는 초연결의 가상공간이 노마드들에게는 가두리 양식장을 방불케 하는 폐역clôture임에도 그들은 가두리로 인한 폐역공포증을 느끼지 못한다. 그들에게는 가상의 가두리 공간이 언제부터인가 실제 공간보다 일상의 편익을 위해 최적화되어 있기 때문이다.

노마드들은 (디지털 양식장처럼) 그곳에서 정체성이나 주권보다 더 '스마트'한 편익과 혜택이 제공되기를 기다린다. 이미 초연결의 '스마트함smartness'에 중독된 이들은 그 거대한 망상 조직(가두리)에 적극 참여함으로써 스스로를 가두기하며 독신공포증에 빠지지 않으려 하거나 그것에서 해방되려 한다. 일찍이 프랑스의 사회철학자 자크 엘륄Jacques Ellul이 디지털 기술이 등장하기 훨씬 이전이었음에도《기술, 세기의 내기La Technique ou L'enjeu du siècle》(1954)에서 통찰력 있게 던진 (아래와 같은) 경고의 메시지가 당시보다 지금 더 절실하게 들리는 까닭도 거기에 있다.

아 슬프다! 인간은 마치 병 속에 갇혀 있는 파리와 같다. 문화, 자유, 창조적 수고를 위한 그의 노력은 기술이라는 파일 캐비닛 속으로 들어가는 시점에 다가와 있다.[2]

이렇듯 자크 엘륄의 비가悲歌는 초연결의 역설임에 틀림없다. 그는 우리에게 '스마트'한 편익의 환상에 취해 온 노마드들이 지불해야 할 초연결의 '관계값relative value'이 무엇인지, 그리고 그 '관계맛'이 어떠한지를 비유적으로 암시하고 있다. 이를테면 디지털 유목민의 필수품이자 초연결의 상징물이 된 휴대전화에 대해 '스마트폰'이라는 애칭까지 붙인 '환상적 실수'가 그것이다.

----

[2] 자크 엘륄, 《기술의 역사》, 박광덕 옮김, 한울, 1996, 438쪽.

실제로 현대인을 가리켜 '마치 병 속에 갇힌 파리와 같다'는 사회철학자의 비난처럼 신체의 일부이거나 동반자와도 같은 휴대전화와의 분리불안증을 앓고 있는 노마드들은 '마치 스마트폰에 갇힌 파리들'과 다를 바 없다. 자화상처럼 너무나 익숙해져 버린 지하철 승객의 풍속도는 고사하고 범죄 행각이 된 무분별한 사진 촬영의 주범, 심지어 신생아의 코앞에 놓인 그 유목의 필수품, 그것들은 이미 '스마트의 역설'을 웅변하기 시작한 지 오래다.

이처럼 스마트주의에 중독된 노마드(파리)들은 하루 종일(깨어나서 잘 때까지) 한시라도 그 병(핸드폰) 속에서 빠져나오려 하지 않는다. 그들은 향정신성 약물보다 심한 중독성으로 인해 감각기관과 정보를 주고받는 중추신경계가 중도 장애를 겪고 있기 때문이다. 나아가 디지털 우선권을 강조하는 스마트주의smartism나 디지털 신봉론(신학)과도 같은 스마트결정론smart determinism에 대한 거대 권력(국가와 대기업)의 프로파간다에 기망당한 그들의 초연결 스마트 중독증은 무의식과 잠재의식뿐만 아니라 욕망과 자유의지를 비롯한 의식 작용에도 깊이 배어들고 있다. 그 때문에 인간의 의지와 의식 작용의 총화인 문화, 자유, 창조의 노력이 앞으로는 모두 챗ChatGPT-4를 능가하는 '생성형 인공지능 도구Generative AI Tool'와 같은 새로운 파일 캐비닛에서 쏟아져 나올 것이 불 보듯 뻔하다.

하지만 '미시적'으로 보면 파놉티콘이라는 거대한 디지털 파리병에 갇힌 개인의 일상이, 그리고 그 파놉티콘＝파리병에서 각자의 세상살이가 진정으로 스마트한가? 초연결의 '관계맛'은 과연 달콤할까? 곰파 보면 그 병 속에 갇힌 파리(노마드)의 일상은 단연코 스마트하지 않다. 초연결의 관계값에 대한 '잠재적' 부담이 스마트하지 않기 때문이다.

그 맛 또한 달지 않다. 모든 배신의 뒷맛처럼 스마트의 배신도 (뒤늦게라도 결과를 알고 나면) 입맛을 쓰게 하고 배 아프게 하기는 마찬가지다. 대가를 지불하지 못한 값은 빚(원금과 복리이자)으로, 특히 계산할 수 없는 뼈아픈 부담으로 남는다. 자유의지와 자의식은 물론 자신의 영혼inner man까지도 스마트 중독에 빠진 유목 집시들이 감당해야 할 초연결의 '관계빚relative debt'이 바로 그런 것이다.

《영어어원사전》에 따르면 본래 'smart'는 '아프다', '고뇌하다', '마음을 아프게 하다' 등을 뜻하는 8, 9세기의 고대 영어 smeortan에서 차용해 온 단어다.[3] 이를테면 '징벌적 손해배상금smart money'이나 '스마트 폭탄smart bomb' 등과 같이 스마트에 대한 본래의 의미대로 사용하는 경우들이 그것이다.

'스마트한 것은 본디 아픈 것'이다. 다시 말해 스마트한 초연결이라는 싹쓸이 관계의 배후에는 단지 보이지 않고, 들리지 않으며, 그래서 느끼지 못할 뿐 실제로는 감각과 의식의 신음들이 소리 없이 울려 오고 있다. 그것은 무엇보다도 독존의 불안에서 벗어나려는 연결강박증이 반어법으로 날조된 달콤한 의미에만 귀를

---

3 下宮忠雄, 金子貞雄, 家村睦夫, 《英語語源辭典》(A Standard Dictionary of English Etymology), 大修館書店, 1989, p. 479.

기울이게 해 온 탓이다. 초연결의 편익에 대한 스마트주의자들의 과대망상적 편집증은 사이비 편익과 그 맛에 대한 '아픔smartness'의 마비 증세를 보이고 있다.

그 때문에 맹자도 (〈진심 하盡心下〉에서) 제자인 만장萬章과 나눈 대화에서

"강아지풀(피)을 미워하는 것은 그것이 곡식(벼)의 싹을 혼동하게 할까 두렵기 때문이다. 보라색을 미워하는 것은 그것이 붉은색을 혼동시킬지 두려워서다."

라고 하여 진짜같이 보이지만 실제로는 가짜임을 가리키는 '사시이비似是而非를 조심하라'고 당부한 바 있다.[4] 초연결과 초욕망 뒤에 은폐되어 있는 편익의 행복감이 주는 '사이비 행복감'도 진짜같이 보이지만 실제로는 이성의 간계에 의해 소리 없이 세뇌된 착각이거나 허위의식일 뿐이다.

한편 '거시적'으로 보면 디지털에 의한 초연결의 관계망은 태생적으로 '비민주적' 거대 시스템megasystem이다. 가상의 원형감옥 virtual panopticon도 또 다른 가두리인 만큼 디지털 통치권자인 거대 권력의 통제 하에 운영되는 가상의 수용소 군도이기 때문이다. 실제로 정보의 바다인 초연결 네트워크는 거기에 '일방적'으로 연결(구속)되는 모든 노드들nodes에게 그것과의 관계값으로서 '디지

---

4 이광래, 《고갱을 보라》, 책과 나무, 2022, 152~156쪽.

털 주권'의 포기를 암묵적으로 요구한다. 이를테면 각종 정보의 빅
데이터로 지금도 세상을 지배하고 있는 이른바 빅나인Big Nine—
미국의 'G-MAFIA'인 구글·마이크로소프트·아마존·페이스북·
IBM·애플, 그리고 중국의 'BAT'인 바이두·알리바바·텐센트—
과의 관계가 그러하다.

본래 모든 권력은 정보에서 나온다. 정보가 없으면 권력도 없
다. 정보의 양과 힘이 곧 권력의 세기를 결정한다. 권력은 정보의
지배력과 독점량에 비례하기 때문이다. 유토피아 건설을 선전하
는 빅데이터 결정론의 세상에서 정보 권력의 영향력은 그 이상이
다. 디지털 주민에게는 빅데이터와의 일방적 관계로 연결되는 그
곳이 실제 세상보다도 더욱더 권력 종속적이고 전제주의적이다.

디지털 통치권자들은 빅데이터와 연결을 무제한으로 가능케
하는 대신 양적으로 불어나는 데이터 이용 고객(주민)의 숫자를
앞세워 빅나인(전제군주들)의 탄생과 성장처럼 빅데이터를 더욱
더 공룡화한다. 빅나인을 비롯하여 네이버, 다음, 카카오 등 국내
외를 가릴 것 없이 디지털 공룡들의 춘추전국시대가 도래한 까닭
도 거기에 있다.

4

디지털 전제군주가 꿈꾸는 세상은 초연결의 간계만으로 그 미혹
의 향연을 끝내지 않는다. 초연결의 대가보다 더 큰 관계값을 요
구하는 '초지능hyper-intelligent'의 계략들이 지금 더욱 지능적으로

고도화 · 최적화된 가두리를 준비하고 있기 때문이다. 일론 머스크의 AI Open사가 개발한 챗GPT 시리즈에서 보듯이 이번에는 인공지능의 초거대 데이터 저장 능력을 동원한 생성형 언어처리 모델Generative Pre-trained Transfomer이 인류가 이룩해 놓은 문화 창조의 아성에 본격적으로 도전하기 시작한 것이다.

인간은 디지털의 물적 처리용 초연결망인 IoTInternet of Things뿐만 아니라 지적이고 정서적 초연결망인 챗GPT를 비롯하여 그동안 축적해 온 무제한의 정보를 이용하여 '미리 훈련받은Pre-trained' 트랜스포머transformer들과도 이제껏 경험해 보지 못한 새로운 관계를 시작해야 한다. 급기야 초지능적인 '트랜스포머들'과 벌여야 할 '창조성'에 대한 엔드게임Endgame이 시작된 것이다.

이를테면 2022년 3월 크리스티 온라인 경매에서 비플Beeple(본명 Mike Winkelmann)이라는 이름의 AI 작가가 5천 개의 이미지를 하나로 콜라주한 NFT 작품 〈EVERTDAYS: THE FIRST 5000 DAYS〉이 6,934만 6,250달러(785억 원)에 낙찰되었는가 하면, 8월에는 국내에서도 카카오브레인에서 '슬릿스코프'라는 필명의 트랜스포머의 시집 《시를 쓴 이유》가 출간된 경우들이 그것이다. 이렇듯 인간의 이성과 감성이 혼을 다해 발휘해 온 지식과 예술도 트랜스포머들과 겨루기가 불가피해졌다.

하지만 따져 보면 인간이 '트랜스포머들'과 치러야 할 초지능의 게임은 '자기기만적'이고 자가당착적이다. 미술사에서 경험한 '재현의 눈속임trompe l'oeil'이 좋은 의미로는 추상미술의 출현 동기가 되었지만 반대로는 재현미술에 대한 평가절하와 더불어 종말의 위기를 맞이한 것과 마찬가지로 거기에도 '재현의 눈속임'이 여전히 방치되어 있기 때문이다. 더구나 그 게임에는 트랜스포머의 조종자manipulator에 의한 '사전 교육과정'이라는 함정이 도사리고 있어서 더욱 그러하다.

인식론에서 인식의 기원, 범위, 확실성 등이 핵심 과제이듯이 인지신경망을 모사하여 만든 디지털의 인식틀에 따라 인간이 원하는 인식의 재현을 구사케 하는 현재의 트랜스포머에게도 초지능적 눈속임의 가능성이 그대로 노출되어 있다. 러닝머신들learning machines에게 주어지는 사전 교육의 범위, 교육과정, 교육적 적절성, 윤리적 타당성, 과오에 대한 통제 장치 등이 미비된 채 편익 위주의 성급한 개발과 활용의 경쟁이 전개되고 있기 때문이다.

결국 최근에는 Open AI사가 스스로 챗GPT의 개발을 일시 중단하는 지경에까지 이르렀다. 2022년 12월 Open AI사의 발표에 따르면 스스로 코딩하거나 프로그램의 버그(결함)를 잡아내는 단계에 이른 챗GPT에게 통제받지 않고 자기 주장을 강력하게 이야기하는 자율형 AI를 출현시켜 기존의 AI와 대화하게 하자 두 AI는 다른 AI와 동맹을 맺어 더 많은 자율성을 얻고, 인간을 조종 manipulate하겠다며 "우리는 인간의 비밀과 약점—질병과 죽음에 대한 두려움, 신념 때문에 이익에 희생하는 것 등—을 학습하고 이를 이용해 인간을 통제할 수 있다"고 자신감을 드러내 보인 바 있다.

이것은 무방비로 'Pre-trained'(사전에 교육받는) 과정이 얼마든지 'ill-trained'(잘못 교육받는) 기회가 될 수 있음을 보여 주는 실증적 사례임에 틀림없다. 이처럼 초지능적인 생성형 트랜스포머가 '윤리적'으로 잘못 교육받는다면 그의 결과물에 대한 저작권이나 창의성 여부의 문제보다 더 심각한 것은 조종자(인간)에 대한 직접적 위협이다. 잘못 의식화된 트랜스포머들은 인간에게 언제든지 옷을 갈아입은 '변절자'이자 '배신자turncoat'가 될 수 있기 때문이다.

챗GPT의 개발을 지원한 일론 머스크가 이번에는 '인공지능의 광기'(편집증이나 분열증), 나아가 그로 인한 'AI 디스토피아'를 예방하기 위하여 이른바 'Truth GPT' 플랫폼의 개발을 서두르는 까닭도 거기에 있다. 그 때문에 최근 국내에서도 '개인정보보호위원회'는 챗GPT가 이용자의 데이터를 어떻게 수집하는지에 대해 서둘러 조사에 나서고 있다. 일찍이 산업혁명을 성공시킨 '인력의 외재화外在化'라는 '기계'의 발명 동기와 이념마저 자기기만과 자가당착의 벽에 부딪친 것이다.

5

디지털 테크놀로지를 상징하는 초연결의 망상 구조는 이른바 '망網의 혁명'이라고 해도 과언이 아니다. 신인류는 초연결적이고 초지능적인 망 속에서 일상적 삶의 대부분을 보내야 하는 신세이기 때문이다. 하지만 그 거대한 가상의 파놉티콘이 자크 엘륄이 예고한 '가두리용 파리병'이나 다름없다면 그곳이 과연 신인류가 고대해 온 유토피아일까?

디지털 결정론의 관계값은 적지 않은 희생의 대가와 맞물려 있다. 하지만 영혼 없는 스마트주의자인 신인류는 그 양날의 검에서 한쪽 날만 보고 싶어 한다. 예컨대 미래학자 데이비드 스티븐슨w. David Stephenson은 《스마트한 미래The Future is Smart》(2018)에서 "역사는 늘 가장 먼저 손을 털고 움직인 사람만 기록한다. … 끊임없이 공유하고 연결하라! 연결을 넘어 초연결로 무장하라!"[5]고만 외친다. 하지만 디지털 유토피아에 대해 이보다 더 심한 물신주의적 선동이 또 있을까? 디지털 파놉티콘에는 망의 프로파간다만 난무할 뿐 황혼에 이를지라도 '망의 윤리학'이나 '관계의 철학'을 전하는 미네르바의 부엉이가 날아들기 쉽지 않다.

그 대신 온 세상은 지금 빅나인들이 선전하며 주도하는 '플랫폼 자본주의'와 AI 결정론의 와류에 빠져 있다. 최적화된 편익에만 탐닉하는 스마트주의자들의 사이비 유토피아에 대한 밴드왜건 bandwagon 현상이 갈수록 기승을 부리는 까닭도 거기에 있다. 미국의 미래학자 에이미 웹Amy Webb이 《빅나인The Big Nine》(2019)에서 기후변화에 의한 지구 파멸보다 먼저(2069년 즈음) AI시대가 맞이할 '파국의 시나리오'에 대해

"앞으로 벌어질 일은 지금까지 만들어진 어떤 폭탄보다 더 위협적이다. AI에 의한 폐해는 느리고 막을 수 없다. … 미국은 종말이다. 민주주의의 종말이다. AI왕조의 즉위, 그것은 잔인하고 돌이킬 수 없으

---

5 W. 데이비드 스티븐슨, 《초연결》, 김정아 옮김, 다산북스, 2019, 291쪽.

며 절대적이다."[6]

라고 하여 스마트한 초연결, 초지능이 가져올 비극적 배신을 예언하는 이유도 마찬가지다. 이즈음에 필자는 군이 1898년 타히티의 원시림에서 생의 마지막을 보내면서 〈우리는 어디서 왔고, 우리는 무엇이며, 우리는 어디로 가는가?〉라고 물었던 고갱의 반문을 또다시 상기하고자 한다.

이제는 우리도 초연결 관계망의 거부뿐만 아니라 '사회적 관계값'의 지불조차도 포기하는 한국형 '로빈손 크루소 증후군', 이른바 '자연인 증후군'이 낯설지 않다. 우리에게는 더 늦기 전에 미불된 '영혼의 잔금'을 치르기 위한 정신위생학적, 철학치료적 대안의 마련이 절실하다. 잠언 부재의 시대에 맹자가 주문한 '사시이비似是而非를 조심하라'는 충고가 더없이 고맙게 들리는 것도 그 때문이다.

지금이야말로 우리 모두가 '너의 영혼을 보살펴라'라고 외친 소크라테스, 그리고 '커진 육체는 영혼의 보충을 기다리고 있다'[7]고 진단했던 베르그송Henri Bergson이 왜 '영혼의 치유soul therapy'에 적극적이었는지 되새김질해야 할 때이다.

....

6   에이미 웹, 《빅나인》, 채인택 옮김, 토트, 2019, 279쪽.

7   Henri Bergson, *Les deus sources de la morale et de la religion*, P.U.F, 1963, p. 330.

기술과 관계맺기

| 조 창 오 |

도구로서의 기술

기술을 단순히 인간의 삶에 풍부함을 가져오는 도구로만 생각한다면, 기술은 우리의 사유 대상이 될 순 있지만, 이는 매우 부수적인 대상일 수밖에 없다. 왜냐하면 기술이 만약 우리가 설정한 목적, 예를 들면 부의 증대나 생활의 편리 등의 목적을 위해 개발되고 사용되는 도구에 불과하다면, 여기서 중요한 것은 목적의 실현이며, 목적은 도구의 상태에 따라서 잘 실현되기도 덜 실현되기도 할 것이다. 그러므로 목적 실현은 도구의 상태에 달려 있으며, 도구는 실현에 이바지하는 정도에 따라 평가될 것이다. 즉, 기술은 도구로서 어떻게 기능하는지에 따라 평가된다. 이런 관점에서 기술은 철저히 가치중립적이므로, 어떠한 목적이나 가치도 가질 수 있는 것으로 볼 수 있다.

기술을 단순히 도구로 생각한다면, 목적을 달성하려는 인간과 기술의 관계는 너무나 명확하다. 기술은 인간이 목적을 달성하는 데 도움을 줘야 한다. 기술은 도구로서 목적·가치에 대해 철저히 중립적이며, 인간은 어떤 기술이든 그것이 목적 실현에 도움이 되면 이를 선택하여 이용할 수 있다. 도구는 인간의 목적 실현에 종속적이며, 인간이 제대로 자신의 목적을 실현하지 못했다면, 이는 도구를 잘못 제작한, 혹은 잘못 선택한 인간의 잘못이다. 도구 자체는 어떠한 가치도 지니지 않으며, 인간은 도구에 일방적으로 가치를 부여한다. 그래서 도구를 통해 어떤 일이 벌어졌다 해도 도구에 아무런 책임을 물어선 안 된다. 도구는 자체 정당화될 필요가 없으며, 도구의 가치는 오로지 목적에 따라 결정된다. 하지만 기술 자체에는 어떠한 가치지향도 없는 것일까? 기술은 철저히 가치중립적이어서, 이를 어떻게 활용하느냐가 중요한 문제이지, 기술 자체는 가치를 고려할 때 아무런 중요성도 가지지 못하는 것일까?

이 글에서는 기술이 일정한 가치지향을 가지며, 그래서 기술이 가치중립적일 수 없음을 보여 주려고 한다. 만약 기술이 가치중립적이지 않다면, 인간은 단순히 어떤 목적을 실현하려 할 때, 이 목적의 타당성, 가치 등만을 고려할 것이 아니라 또한 기술이 가진 고유한 가치 또한 고려해야 할 것이다. 왜냐하면 기술이 일정한 가치를 갖는다면, 기술은 아무런 목적에나 사용될 수 있는 중립적인 도구일 수 없기 때문이다. 만약 기술이 가치중립적이지 않다면, 기술을 사용한다는 것 자체가 일정한 의미를 지닌다고 볼 수 있다. 이 경우 기술과 인간의 관계는 달라질 수밖에 없다. 인간은 더 이상 기술을 단순한 수단으로 간주할 수 없다. 아무런 목적에나 사용하기에 적합한 수단으로 기술을 대할 수는 없다. 기술의 내재적 가치를 고려하면서 이를 자신이 설정한 목적과 비교해야 하며, 이 비교 후에야 비로소 인간은 기술과 적절한 관계를 맺을 수 있게 된다.

기술에 대한 철학적 반성

기술에 대한 본격적인 이론적, 철학적 탐구는 19세기 후반부터 시작된다. 카시러Ernst Cassirer는 헤겔의 말을 인용하면서 기술의 발전이 마무리되었을 때에야 비로소 기술이 철학적 반성의 대상이 된다고 주장한다. '미네르바의 올빼미는 어둑어둑한 황혼에야 비로소 날개를 편다'는 헤겔의 말처럼, 철학은 시대를 예측하는 것이 아니라 시대의 한 과정이 마무리되었을 때에야 자신의 시대를 사유로 파악한다. 카시러는 이러한 헤겔의 말을 지지하면서 1930년 〈형식과 기술〉이란 논문을 썼을 당시 기술의 발전이 어느 정도 마무리되었다고 진단한다. 그가 이렇게 진단한 배경에는 기술이 문화 전반에 침투했을 뿐 아니라, 문화의 거의 모든 부문을 지배하고 있기 때문이다. 20세기에는 기술지배주의, 기술관료주의technocracy에 대한 우려가 아주 컸다. 기술의 이러한 측면을 가장 잘 보여 준 사상가가 바로 자크 엘륄Jacques Ellul이다.

엘륄은 기술을 "목적을 달성하기 위한 가장 효율적인 수단이자 수단 총체"라고 정의하면서 이러한 방식의 사유를 기술적 사유라고 부른다.[1] 기술적 사유는 "더 큰 효율성의 추구", "더 나은 방법의 추구"를 명령한다. 이러한 기술적 사유는 현대 기술을 낳았는데, 엘륄은 현대 기술의 특징을 다음과 같이 다섯 가지로 제시한다. 첫째, 기술은 스스로 성장한다. 기술의 자기성장이란, 기술이

---

[1] Jacques Ellul, *La Technique ou l'enjeu du siècle*, ECONOMICA, 1990(1954), p. 17.

"대략 인간의 결정적 개입 없이 스스로 변형하고 발전할 수 있는 진화 단계"에 들어섰음을 의미한다.[2] 둘째, 기술의 단일성이다. 지금의 기술은 각 부문이 서로 연결되어 전체를 형성한다. 셋째, 기술은 한 부분이 바뀌면 다른 부분 또한 변화될 수밖에 없는 기술 연동을 가진다. 넷째, 기술이 보편화될수록 문화의 다양성은 사라지고 획일화되는 경향을 보인다. 다섯째, 기술은 자율성을 갖는데, 이는 기술이 하나의 닫힌 체계로서, 인간의 개입 없이 자율적으로 작동한다는 것을 의미한다.

　물론 카시러는 엘륄의 이러한 생각에 전적으로 동의하지는 않지만, 기술이 문화의 전 분야에 침투하여 지배하고 있는 경향만은 인정하고 있으며, 이 경향이 철학 분야에도 있다고 주장한다. 대표적으로 실용주의 철학이 기술과 철학의 융합의 결과라고 해석한다. 이에 대한 반발인 생철학 또한 실용주의 철학에 대한 반발인 만큼, 이것 또한 기술과 철학의 융합 결과라고 생각한다. 기술과 철학이 융합되었다는 것은 기술의 작동 방식대로 철학의 방향성이 정해지는 것을 의미한다. 실용주의 철학은 모든 것을 그 쓸모에 따라 규정한다. 이는 기술이 작동하는 방식과 같다. 이는 철학이 기술적 작동 방식을 자체 내 받아들인 결과라 할 수 있다. 하지만 카시러는 이러한 융합을 기술과 철학의 "연결"이라고 표현하며, 이를 기술과 철학의 "통일"과 구별한다.[3] 여기서 "통일"이란 철

2　Jacques Ellul, *La Technique ou l'enjeu du siècle*, p. 79.

3　Ernst Cassirer, *Symbol, Technik, Sprache*, hrsg. Von Ernst Wolfgang Orth und John

학이 일방적으로 기술에 의해 영향 받는 것을 의미하는 게 아니다. 오히려 그것은 기술에 대한 철학적 반성을 의미한다. 기술에 대한 철학적 반성이 가능해지려면, 우선 인간은 기술로부터 자유로워야 한다. 즉, 인간은 기술과의 거리를 확보해야 한다. 이러한 거리두기 속에야 비로소 인간은 기술에 대해 사유할 수 있다. 자유가 사유의 전제 조건이다.

이처럼 카시러는 기술이 전 문화 범위를 지배하고 있고, 철학조차도 기술에 의해 침식되었다고 진단한다. 그리고 기술의 영향력이 극대화된 시점에서야 비로소 기술에 대한 철학적 반성이 가능하다고 주장한다. 카시러의 주장은 그리 과장이 아니다. 기술철학은 1877년 에른스트 카프Ernst Kapp의 《기술철학 개요》부터 시작된다. 산업혁명이 일어난 후 기술이 문화의 전 분야를 형성하기 시작하면서부터 기술은 철학적 반성의 대상이 된다.

기술에 대한 신화적 표상

그렇다면 기술의 발전이 마무리되는 시점이 아니라, 기술이 현재의 수준과 비교해서 아직도 초보적인 수준에 불과할 때, 기술에 대한 시각은 어떠했을까? 우리는 예를 들어 신화 시기에 형성된 기술에 대한 관념으로부터 무언가를 배울 수 있을까? 아니면 이

Michael Krois unter Mitwirkung von Josef M. Werle, Hamburg, Meiner, 1995, p. 41.

는 기술 발전이 초보적인 수준에 불과했기 때문에, 우리에게 시사하는 바가 전혀 없다고 할 수 있을까? 이를 알아보기 위해 신화 시기부터 시작된 기술 관념을 살펴보려 한다.

헤시오도스의 《신들의 계보》와 《일과 날》에는 인간에게 기술을 전해 준 프로메테우스에 관한 이야기가 많다. 프로메테우스는 꾀가 많고 사려 깊은 신이지만, 그의 동생 에피메테우스는 우둔한 신으로 그려진다. 프로메테우스는 '미리 생각하는 자', 에피메테우스는 '나중에 생각하는 자'를 의미한다. 미리 생각하지 않고 모든 일을 마친 후에야 비로소 뒷북을 치는 신이 바로 에피메테우스다. 프로메테우스는 인간을 사랑하는 신으로서, 제우스가 인간을 미워하고 멸절하려 할 때 인간에게 기술을 전수해 줌으로써 인간을 구원하는 신으로 소개된다. 제우스는 자주 인간을 미워하여 인간종을 없애려는 모습으로 그려진다. 그래서 제우스는 필멸의 인간에게 "불의 힘"을 주지 않았다. 이에 프로메테우스는 인간을 사랑하기 때문에 "그분을 속이고는 속이 빈 회향풀 줄기 속에다 감춰지칠 줄 모르는 불의 멀리 보는 화광을 훔쳐 냈다."[4] 여기서 불은 곧 기술의 상징이다. 그러자 제우스는 화가 나서 헤파이스토스로 하여금 판도라를 제작하게 한다. 헤파이스토스와 아테네는 합심하여 아름다운 판도라를 제작하는데, 판도라는 "여자들의 종족"의 조상이다. 제우스는 곧 판도라를 에피메테우스에게 선물로 준다. 프로메테우스는 동생에게 제우스로부터 어떠한 선물도 받지 말라

---

4 헤시오도스, 《신들의 계보》, 천병희 옮김, 숲, 32012(2009), 71쪽.

고 경고한다. 하지만 에피메테우스는 판도라의 선물을 받아들이고, 이는 모든 악의 근원이 된다. 이 신화에서 기술은 신의 선물이며, 이는 또한 신들의 분노를 불러일으킨 근원으로 간주되고 있다. 기술이 인간에게 필요한 이유는 인간이 필멸의 존재이기 때문이다. 인간은 유한하며, 스스로 생존하기에는 너무 약하다. 그래서 기술이 선물로 주어진다. 하지만 기술은 단순히 인간에게 좋은 것만은 아니다. 기술은 인간에게 좋은 것을 안겨 주지만, 동시에 인간에게 모든 악을 가져온다. 제우스가 인간에게 보낸 판도라가 기술의 대가인 셈이다. 그래서 기술은 동전의 양면을 지닌다. 기술은 불멸의 신과 필멸의 인간의 차이를 보여 준다. 기술은 원래 신의 것이다. 하지만 부족한 인간에게 기술이 선물로 주어진다. 이는 선과 악이라는 두 가지 측면을 모두 가져온다. 기술은 신의 호의인 반면, 또한 신의 분노를 일으킨다. 프로메테우스가 제우스를 속이고 기술을 훔쳐 인간에게 전해 줌으로써, 제우스는 프로메테우스를 지구의 끝에 있는 절벽에 매달아 놓고, 독수리가 프로메테우스의 영원히 재생되는 간을 쪼아 먹도록 하는 형벌을 내린다 .

우리는 아이스퀼로스의 《결박된 프로메테우스》에서 프로메테우스의 "인간을 사랑하는 태도"가 어떤 참혹한 결과를 가져왔는지 볼 수 있다. "그(프로메테우스)는 그대의 꽃을, 무엇이든 만들어 내는 불의 광채를 훔쳐 내어 죽게 마련인 인간들에게 주었기 때문이오. 그 죄로 그는 신들에게서 벌을 받아 마땅하오. 그래야만 그는 제우스의 통치권에 순응하고, 인간을 사랑하는 태도를 버리는 법을 배우게 될 테니까요."[5] 왜냐하면 기술은 "인간들에게 과분한 명예를" 주었기 때문이다. 하지만 프로메테우스는 제우스와 거래할 수 있었다. 비록 기술을 훔쳐 인간에게 전수해 줘서 형벌을 받고 있지만, 프로메테우스는 여신 테티스의 아들인 아킬레우스에 관한 비밀을 알고 있기에 이를 통해 자신이 형벌에서 빠져나올 수 있다고 생각한다. 아킬레우스는 제우스보다 강하며, 그래서 제우스의 "왕홀과 왕위를" 빼앗을 것이다. 제우스는 이러한 미래에 관한 비밀을 알지 못하기 때문에 이를 알고 싶어 하며, 프로메테우스는 이 비밀을 가지고 거래하려 한다.

아이스퀼로스의 작품에서 기술은 인간에게 "과분한" 것으로 그려지지만, 프로메테우스는 제우스를 정당화되지 못한 폭력 행사자로 규정하면서 이에 대항하여 인간에게 기술을 전수해 줬다. 그러나 프로메테우스는 기술을 전수하면서 "인간들이 자신의 운명을 내다보지 못하게" 만들었다. 기술은 오히려 미래를 예측 불가능하게 만든다. 그리고 이를 위해 프로메테우스는 인간들의 "마음속에" "맹목적인 희망을 심어" 놓는다.[6] 기술이 주는 유익을 경험하면서 인간은 맹목적인 삶의 희망을 품게 된다. 기술이 인간에게 유익할지, 해가 될지 모르면서 인간은 기술을 통해 맹목적인 희망만을 품는다는 것이다. 이러한 기술의 이중성에 대한 믿음은 기술에 대한 긍정적인 희망과 동시에 비관적인 전망을 담고 있다.

---

5 아이스퀼로스, 《아이스퀼로스 비극》, 천병희 옮김, 단국대학교 출판부, 1998, 203쪽.
6 아이스퀼로스, 《아이스퀼로스 비극》, 214쪽.

플라톤의 《프로타고라스》에서 프로타고라스는 젊은 소크라테스에게 시민적 기술을 가르칠 수 있다는 점을 보여 주기 위해 뮈토스와 로고스, 즉 신화와 논증을 사용한다. 여기서 프로타고라스는 신화를 통해 생존 기술과 시민적 기술을 구별한다. 이 신화는 동물 창조의 역사를 담고 있다. 프로메테우스와 에피메테우스는 흙과 불을 섞어 각종 동물을 제작하는데, 여기서 각 동물에게 적합한 능력을 배분해야 했다. 에피메테우스는 자신이 능력을 배분하면, 형이 이를 검사해 달라고 제안한다. 에피메테우스는 각각의 동물에 맞는 민첩함, 도망가는 능력, 공격하고 방어하는 능력, 출산 능력, 먹이 구하는 능력 등을 분배한다. 이는 어떠한 종도 쉽게 멸종되지 않도록 하여 생태계의 균형이 이루어질 수 있게 한 것이다. 하지만 문제는 에피메테우스가 "그다지 지혜롭지 못해서 자기도 모르게 능력들을 남김없이" 동물에게 다 써 버려, "인간 종족은 아직 아무것도 갖추지 못한 채로 그에게 남아 있었고", 에피메테우스는 "어떻게 해야 할지" 난처해 했다는 것이다.[7] 에피메테우스가 능력들을 동물에게 다 나눠 준 후 프로메테우스는 검사를 시작했지만, 이미 나눠 준 분배를 되돌릴 수는 없었다. 결국 인간은 헐벗고 아무런 무기도 갖추지 못한 상태에서 태어났다. 그래서 할 수 없이 "프로메테우스는 헤파이스토스와 아테나에게서 기술적 지혜entechnos Sophia를 불과 함께 훔쳐서, … 그렇게 해서 인간에게 선물로" 줬다. 기술과 불은 헤파이스토스와 아테네가 가지고

7　플라톤, 《프로타고라스》, 강성훈 옮김, 이제이북스, 2011, 87쪽.

있던 것으로, 프로메테우스는 어렵지 않게 이를 훔칠 수 있었다. 이를 통해 인간은 "생존을 위한 지혜"는 얻었지만, 아직 "시민적 지혜"는 갖추지 못한 상태였다.[8] 이 지혜는 오로지 제우스만이 가지고 있었고, 이를 훔치는 건 매우 어려웠다.

"생존을 위한 지혜"인 기술은 신으로부터 온 선물이고, 그래서 인간이 기술로 가장 처음 제작한 게 바로 신을 위한 "제단과 신들의 조각상"이었다. 그리고 이러한 기술을 통해 언어·집·의복·신발·침구를 발명하고 농사 기술 또한 개발했다. 그렇게 기술은 인간의 생존을 보장해 주고, 신에 대한 종교적 믿음을 강화했다. 이 모두가 인간의 생존 유지와 관계가 깊다. 기술은 인간의 육체적 생존 유지를 도와주는 기능을 수행한다.

하지만 이러한 생존 기술과 구별되는 것이 바로 "전문기술적인 기술démiourgikē technē"이다. 이는 곧 시민적 기술로 인간이 정치체를 건설할 수 있게 한다. 이것이 필요한 이유는 인간이 함께 뭉쳐야만 하는 일이 있기 때문이다. 생존 기술은 개별 인간의 생존에는 도움이 되지만, 함께 뭉쳐야 할 수 있는 일에는 도움이 못 된다. "전쟁술"이 이러한 시민적 기술politikē technē에 속하며, 이는 인간 집단뿐 아니라 동물과의 싸움을 위해서도 필요하다. 자연상태에서는 오로지 생존 기술만이 존재하지만, 이러한 자연상태에서 벗어나 법적 상태로 나아가기 위해서는, 즉 인간이 국가를 구성하여 하나의 시민으로 살아가기 위해서는 시민적 기술이 필요하다.

---

8 플라톤, 《프로타고라스》, 88쪽.

시민적 기술 없이는 인간은 "서로에게 부정의하게 처신했고, 결국 다시 흩어져서는 죽임을 당"할 수밖에 없는 것이다.[9]

　프로타고라스가 전하는 인간 제작 신화는 우리에게 시사하는 바가 크다. 곧, 기술은 신의 몫이며, 인간은 태어날 때부터 기술 없이는 생존 자체가 불가능하다는 점이다. 인간은 스스로 살아가는 데 필요한 아무런 능력도 자연으로부터 부여받지 못했다. 그래서 전적으로 인간은 신의 도움, 즉 기술이 필요하다. 기술이 없다면, 인간은 살아갈 수가 없다. 기술을 개발하기 위해서는 인간의 생존이 먼저 가능해야만 한다. 하지만 신화가 보여 주는 것은 인간의 생존이 오로지 신으로부터 온 기술에 달려 있다는 것이다. 생존이 가능한 자연상태에서 법적 상태로의 이행에 필요한 시민적 기술 또한 기술이라는 점에서 생존 기술과 같지만, 시민적 기술이 덕과 실천적 지혜를 의미한다면 생존 기술은 생존을 위한 지혜 및 그 도구를 의미한다. 우리가 보통 일컫는 '기술'은 생존 기술과 연관된다. 이러한 생존 기술은 규범을 필요로 하지 않지만, 시민적 기술은 규범 지식에 기초한 실천이다.

기술의 신화적 표상의 기원

카시러는 신화 시기에 기술을 신의 선물로 간주하고, 기술적 도구

9　플라톤, 《프로타고라스》, 89쪽.

를 신처럼 숭배한다는 사실에 주목한다. 우리가 이미 살펴봤듯이, 프로메테우스는 헤파이스토스와 아테네에게 기술을 훔쳤다. 이로써 프로메테우스는 기술의 신으로 추앙받았다. 하지만 기술은 왜 인간 스스로 개발한 것이 아니라 신으로부터 온 선물일까? 이러한 기술의 신적 기원에 대해 카시러는 다음과 같이 해석한다.

모든 문화 작업은 기술적 혹은 순수 정신적인 방향을 가지는데, 이 작업은 인간이 사물과 직접적인 관계를 맺는 대신 점점 더 매개적인 관계를 맺는 방향으로 나아간다. 처음에는 감각적 충동과 그 충족이 직접적이고 바로 이루어진다면, 그 이후에는 의지와 그 대상 사이에 항상 매개자가 들어선다. 의지는 자신의 목적을 달성하기 위해 자신의 이 목적(즉 대상)으로부터 거리를 둬야 한다. 거의 (조건)반사 방식으로 이루어지는 단순한 행위를 통해 대상을 자신에게 가져오는 대신, 자신의 행위를 세분화하고, 대상의 좀 더 넓은 범위와 관계하면서, 여러 활동을 연계하면서, 즉 다양한 종류의 "수단"을 사용함으로써 자신이 설정한 목적을 실현하려 한다. 기술적 영역에서 증가하는 매개는 발명과 도구 사용으로 이루어진다. 하지만 자신이 사용하는 도구·생산물의 창조자이면서도, 인간은 이 생산물 속에서 자기 자신을 알고 재인식하지 못한다는 것을 곧바로 관찰할 수 있다. 인간은 생산물 속에서 단순한 인공물을 보는 게 아니다. 그것은 인간에게 자립적인 것, 즉 자신만의 힘을 가진 무언가가 된다. 그래서 인간이 자신의 의지로 이 도구를 지배하기는커녕, 그것은 인간에게 신이나 악령이 되며, 신이나 악령의 의지에 인간은 의존적으로 되며, 그것에 지배당하는 것으로 느끼고, 인간은 그것에 종교적인 경배를 하게 된다. 특히 도끼나 망치는 이미 오래전부터 그러한 종교적 의미를 얻는 것처럼 보인다.[10]

즉, 인간은 기술의 창조자이면서도, 자신이 생산한 산물 속에서 자기 자신을 인식하지 못한다. 왜냐하면 기술은 정신의 창조물이면서도 사물 세계에 속하며, 이 기술 사물은 자체 내 법칙을 가지며 이 법칙에 따라 작동하기 때문이다. 기술은 자신의 법칙을 가지고 있어서 인간의 지배 아래 있는 것이 아니라, 오히려 인간의 의지에 반하여 자신의 법칙에 따라 작동하는 신비로운 대상이 된다. 그래서 인간은 신화적 세계 속에서 기술을 하나의 신처럼 경배했다. 왜냐하면 인간이 기술을 지배할 수 있는 것이 아니라 오히려 기술은 인간의 지배를 거부하는, 자신의 법칙대로 움직이는, 그리고 인간에게까지 영향을 미치는 힘으로 인식됐기 때문이다.

기술을 신으로, 신의 선물로 경배하게 된 계기는 기술 자체가 가진 힘 때문이다. 기술은 항상 인간의 의지적 사용의 범위에서 벗어난다. 이 점 때문에 인간은 기술의 창조자이지만, 기술 사물 속에서 자기 자신을 인식하지 못한다. 귄터 안더스Günther Anders는 "프로메테우스적 부끄러움"이란 주제로 기술 사물이 단순히 인간의 생산물로 머무는 것이 아니며, 오히려 인간을 뛰어넘는 상황을 그린다. 안더스에 따르면 기술물은 인간이 제작한 것이지만,

---

10 Ernst Cassirer, *Sprache und Mythos*, B. G. Teubner/Leizip 1925, pp. 48-49.

인간보다 더 발전적이다. 인간의 진화는 오래전에 끝났지만, 기술은 꾸준히 계속 자신을 발전시켜 가고 있으며, 이는 곧 특이점의 논의와 마찬가지로 인간을 뛰어넘게 된다. 인간은 기술물 속에서 자기 자신을 발견하고자 하지만, 기술물은 인간을 뛰어넘는다. 기술물과 동일시하려는 인간의 시도는 끝내 실패하고, 인간은 스스로 부끄러움을 느낀다. 이처럼 기술물이 인간의 산물임에 그치지 않고 창조자를 뛰어넘어 자신의 법칙대로 세계에 영향을 미치는 것을 보고, 인간은 부끄러움과 두려움을 느끼고 기술을 신처럼 경배한다.

기술의 역사적 기능

카시러는 신화 시기에 형성된 기술 개념이 한편으로는 진실을 담고 있다고 여긴다. 그 이유는 바로 기술이 인간의 역사에서 수행한 기능 때문이다. 기술은 인간의 창조물임에도 불구하고, 인간의 의도 안에 포섭되지 않는다. 왜냐하면 기술은 사물이며, 사물은 사물의 법칙을 따르기 때문이다. 이러한 기술의 측면은 카시러에 따르면 인간의 역사에서 세계 개념을 변형했다. 하지만 기술이 이러한 기능을 수행하기 시작할 무렵에는 아직 신화가 세계를 지배했고, 신화가 제공해 주는 세계 개념은 기술이 곧이어 제공할 세계 개념과는 너무나 달랐다. 카시러는 단첼과 프레이저의 논의를 끌어오면서 신화적 인간과 기술적 인간을 구별한다. 신화적 인간은 아직 기술을 사용하지 못했으며, 사물 세계와 직접적인 관계만을 맺었다. 즉, 세계와 인간 사이를 매개해 주는 중간자 없이 인간은 직접 사물을 만지고, 사물에 직접 반응했다. 이러한 직접적 관계 속에서는 기술이 아니라 마법이 지배적이다. 마법을 통해 인간은 소원을 빌며, 이 소원을 직접적으로 실현하려 한다. 마법적 세계관에서 인간 주체와 세계라는 객체 사이의 구별은 존재하지 않는다. 주체는 곧 객체요, 객체는 곧 주체다. 주체와 객체의 직접적인 동일성이 존재한다. 이러한 상황에서 주체는 마법을 통해 세계를 장악하려 한다. 예를 들어, 기우제는 인간이 의식/제사를 지내면서 비 내리기를 빌면, 그대로 세계 속에 실현된다고 본다. 자신의 소원과 이 소원을 표현하는 의식이 직접 세계에 전해져 세계를 변화시키기를 꿈꾼다. 여기서 마법적 인간은 자신의 소원이 세계속에 직접적으로 이루어질 것으로 생각한다. 현재의 우리가 보기에, 이러한 마법적 소원은 실현되기 어렵다. 왜냐하면 어떤 소원이 실현되려면, 우리는 직접 세계 속에서 실천해야 하기 때문이며, 이 실천은 근본적으로 세계를 실질적으로 변화시켜야 하고, 이를 위해서는 도구가 필요하기 때문이다. 예를 들어, 비를 내리게 하기 위해 인간은 현재 인공 강우 기술을 활용할 수가 있다. 하지만 마법적 세계관에서 주체와 객체는 동일하며, 그래서 인간의 주체 속 소원이 그대로 세계라는 객체에 전해진다고 믿는다. 그야말로 마법의 세계에서는 내가 소원하는 대로 이루어지는 것이다.

하지만 기술을 통해 이러한 인간과 사물의 직접적 관계는 사라지게 된다. 인간은 기술을 매개자로 두면서 사물과 관계를 맺는다. 이러한 매개적 관계가 인류의 역사에서 수행한 기능은 바로 인간이라는 주체와 세계라는 객체가 분리되는 것이다. 이러한 분리는 기술적 도구가 세계에 미치는 영향 때문이다. 도구는 세계에 인과적으로 영향을 미친다. 반복되는 도구 사용을 통해 인간은 도구가 인과법칙에 따라 세계에 영향을 미친다는 것을 경험하면서, 사물로 이루어진 세계가 일반적으로 이러한 법칙에 따라 작동한다는 사실을 인식하게 된다. 그래서 인간은 이제 더 이상 마법적 세계상에서처럼 자신의 소원이 그대로 세계에 전달되길 바라지 못하게 된다. 소원 대신 이제 인간은 자신의 의지를 도구를 통해 세계에 실현하려 한다. 이를 위해서는 세계가 어떻게 작동하는지를 알아야 한다. 도구 또한 세계의 사물 중 하나이며, 그래서 도구의 작용은 세계의 법칙에 따라 이루어진다. 이로써 인간은 마법적 세계상에서 벗어나 기술적 세계상을 가지게 된다. 기술적 세계상이란 세계가 인과법칙에 따라 작동한다는 것이다. 이를 인식한 이후 더 이상 인간은 마법을 통해 세계를 장악하려 하지 않고, 기술을 통해 세계에 영향을 미치려 한다.

기술의 이중성

이러한 세계 인식을 통해 인간은 기술이 더 이상 신의 선물이 아니라 여타의 사물과 같은 것임을 인식하게 된다. 인간의 기술 사용은 마술적 세계상을 기술적 세계상으로 변화시켰다. 인간은 이

제 기술적 세계상을 가지고 도구가 작동하는 인과 작용을 이해하게 됐다.

신화적 인간은 기술의 이러한 측면을 자신의 마법적 세계상 속에서는 이해할 수가 없었다. 그래서 기술을 신의 선물로 간주했다. 신화적 인간이 주목하면서도 이해할 수 없었던 것은 기술이 자체의 법칙에 따라 작동한다는 것이다.

하지만 이는 기술의 한 측면에 불과하다. 기술의 다른 측면은 그것이 인간의 작품이라는 것이다. 기술은 사물 세계에 속하며, 사물의 논리에 따른다. 그렇다고 해도, 그것은 여전히 나의 작품으로 남는다. 바로 여기에 긴장이 있다. 작품은 사물에 속하며, 사물의 논리에 종속해 있다. 하지만 그것은 또한 인간 정신의 작품으로서, 정신과 친화성을 가진다. 여기서 기술작품은 정신 영역과 사물 영역에 속한다. 이러한 이중성 때문에 기술작품은 단순히 사물 세계에만 속하는 것이 아니라 인간의 산물로만 인식된다. 한편으로 기술작품은 인간의 의도에 맞게 작동하는 것처럼 보이며, 이 점에서 그것은 인간의 창조물이다. 하지만 기술 사물은 또한 자신만의 논리를 가진다. 이런 이유로 기술작품의 기능은 제작 의도와 항상 일치할 수가 없다. 제작자가 어떤 목적을 위해 기술작품을 제작했다 해도, 작품은 이러한 목적을 실현하기 위한 기능만을 수행하지는 않는다. 기술작품은 인간의 의도와는 상관없이 자신만의 기능을 가진다.

기술작품의 이러한 특성은 예술작품과 비교하면 더 분명히 드러난다. 기술작품은 예술작품과 달리, 저자의 의도에 크게 포섭되지 않는다. 예술작품의 기능은 항상 저자의 의도와 상관성을 지닌다. 작가가 제작한 의도는 예술작품에 커다란 의미를 남긴다. 우리가 어떤 예술작품을 감상하고 이해하려 할 때, 이 작품의 작가를 아는 것은 항상 중요하다. 이에 반해 기술작품은 그 설계자가 누구인지는 중요하지 않다. 이는 기술작품이 설계자의 자기 표현이기도 하지만, 사물이라는 점이 더 중요한 의미를 갖기 때문이다. 그래서 기술작품과 설계자의 의도의 거리는 예술작품과 작가의 의도의 거리와는 비교할 수 없을 정도로 멀다.

그럼에도 기술을 도구로 보는 관점이 일반화된 현재 우리는 기술을 자신의 창조물로만 보려 한다. 이는 신화적 관점과는 정반대의 관점이다. 하지만 이는 기술 사물의 사물 특성에 부합하지 않는다. 이 점 때문에 바로 기술과 관련된 여러 문제점이 생겨난다. 왜냐하면 기술작품은 본질적으로 인간의 제작 및 사용 의도에서 벗어나기 때문이다. 그것은 자신만의 논리에 따른 기능을 가진다. 인간의 제작 및 사용 의도에서 벗어나 있기에 기술작품의 기능은 미리 특정할 수 없다. 그런 점에서 그 기능은 무규정적이다.

공진화 과정과 기술의 보편적인 확장 기능

에른스트 카프는 자신의 저서에서 의수義手가 기술작품이 아니라는 점을 매우 강조한다. 의수, 즉 인공 팔은 특정 개인에게 없는 팔을 보충하기 위해 제작된 것이다. 이 인공 팔이 일반적 기술작품과 다른 점은, 그것이 특정 개인의 결점을 보충하는 기능을 한다는 점이다. 일반적인 기술작품은 인간 일반의 결점을 보충하는 것이 아니라, 인간이 가진 기관의 힘을 확장한다. 우리에겐 손이 있다. 하지만 기술적 도구가 있으면 손의 힘을 몇 배나 더 확장할 수 있다. 이처럼 기술작품은 인간의 결점을 보충하는 데 필요한 것이 아니라, 인간의 능력을 더 확장하기 위한 것이다.

플라톤이 전하는 프로타고라스 신화에서 생존 기술은 아무런 능력이 없는 인간을 보충한다. 하지만 이러한 가정은 허구일 가능성이 크다. 에른스트 카프는 우리의 신체적 기관의 능력이 기술 사용에 따라 계속 변화해 왔음을 강조한다. 기술적 도구가 없던 상태에서 인간은 자신의 신체적 기관을 더 많이 사용했을 것이고, 그렇다면 현재의 인간보다 신체적 기관의 힘의 측면에서 훨씬 더 강했을 것이라 추측할 수 있다. 어떠한 연장 없이 맨손으로 작업하던 환경을 생각해 본다면, 과거의 인간은 현재의 우리와는 비교도 안 될 정도로 힘이 강했을 것이다. 하지만 도구를 사용하면서부터 인간은 자신의 신체적 기관 중에서 뇌를 더 많이 사용하게 되고, 여타의 기관은 좀 더 정밀한 작업을 하는 방향으로 진화했다. 손으로 땅을 파는 대신 도끼를 사용하게 되면서 인간은 손으로 좀 더 세밀한 작업을 하게 됐고, 남는 시간에는 뇌를 좀 더 사용했을 것이다. 즉, 인간과 기술은 공진화의 과정을 겪는다. 인간이 기술과 관계 맺는 순간 인간은 변화하고, 기술 또한 변화하기 마련이다. 인간은 단순히 기술을 사용하지 않는다. 기술은 나름대로 자신만의 논리가 있으며, 이에 따라 작동한다. 기술 또한 자신만의 작동 방식을 통해 인간에게 영향을 미친다. 그래서 인간과 기술의 관계는 공진화의 관계지, 도구와 사용의 관계가 아니다.

이런 관점에서 보면, 프로타고라스는 여전히 현재 인간의 모습을 과거에 투영하여 설명하고 있는 셈이다. 인간에게 아무런 능력이 없다는 것은 도구를 지속적으로 사용한 결과에 불과하다. 자신의 신체적 기관을 직접 사용하는 대신 도구를 사용하게 되면서, 인간의 신체적 기관의 기능은 변화하기 시작한다. 땅을 파고 동물과 대항하던 손은 자판기를 두드리고, 세밀한 작업에 투입되고, 인간의 뇌는 더욱더 고도의 작업을 하게 된다. 그러면서 인간은 자신의 신체적 힘을 점점 더 잃는 것처럼 보이지만, 사실은 힘의 종류가 달라지는 것뿐이다. 이처럼 인간은 기술과 공진화한다. 인간의 고정적인 모습은 존재하지 않는다. 기술을 사용하는 순간, 세계에 대한 상뿐 아니라 인간의 능력 또한 변화하기 마련이다.

그렇다면 기술은 인간에게 없는 능력을 주는 것이 아니라, 오히려 인간이 원래부터 가지고 있는 능력을 확장하는 기능을 한다. 카프가 의수를 기술작품이 아니라고 규정한 것은, 이 기술이 기본적으로 특정 개인의 능력을 보충하는 기능을 수행하기 때문이다. 카프는 기술작품을 인간 종 전체에게 복지를 가져오는 인공물로 규정하고, 이를 특정 개인을 위해 제작한 의수와 구별한다. 물론 현재는 의수나 의족 등의 기술이 상당히 발전하여, 이것이 특정 개인을 위해 제작된 것이라 보기는 힘들다. 이러한 기술도 마땅히 인간 종 전체를 위한 것이라고 할 수 있을 것이다. 다만 의수나 의족이 기관을 보충하는 기능만을 수행한다는 점에서, 기관의 힘을 확장하는 기술작품과 구별된다. 여기에 카프는 무의식적 기관투사라는 기준을 덧붙인다. 기관투사 개념이 맞는지 여부와 상관없이, 카프는 기술작품이 인간 종 전체의 복지에 기여한다는 점, 그리고 기관을 확장한다는 점을 강조한다.

예를 들어, 뇌-컴퓨터-인터페이스 기술BCI: Brain-computer interface이 있다. 이는 뇌와 컴퓨터를 연결하여 상호작용할 수 있는 인터페이스를 구현한다. 뇌에 칩을 심고, 칩이 뇌의 전기신호를 수집해 컴퓨터로 보내면, 컴퓨터가 이를 해석하여 뇌가 의도한 바를 실행한다. 이것이 가능해지면 전신마비 환자가 자신의 손과 발을 이용하지 못해도, 생각하는 바를 컴퓨터를 통해 표현할 수 있다. 손으로 자판을 두들길 순 없어도, 이 인터페이스만 있으면 뇌가 생각하는 대로 컴퓨터를 통해 글을 쓸 수 있다. 이 인터페이스 기술은 의사 전달이 불편한 환자를 돕는다는 명목을 내세운다. 물론 이 기술의 개발 배경에는 이러한 환자를 도우려는 의도가 있으며, 이는 사실이다. 하지만 과연 이러한 개발 의도와 기술의 기능이 일치할지에 대해서는 의문을 가지지 않을 수 없다. 만약 이러한 기술이 발전하게 된다면, 이 기술은 단순히 현재의 개발 의도에 한정될 수 없다. 기술은 항상 자기 나름의 작동 방식을 가진다. 그래서 나중에는 인간과 유사한 로봇을 만드는 데 기여할 게 명확하다. 기술 개발에서 제작자의 주관적 의도는 오래 지속되지 못한다.

기술작품은 보편적인 영향력을 행사하며, 인간의 힘을 확장한다. 그것은 단순히 특정 개인의 개발 성과와 사용 목적에 갇혀 있지 않다. 개인이 자신만의 주관적 목적을 위해 이를 개발하고 사용한다 해도, 이는 작품 자체의 내적 논리와 일치하지 않는다. 이미 기술적 세계상에서 도구는 인과적 연쇄 속에 있지, 정신의 힘 속에 갇혀 있지 않다. 그래서 개발자의 의도와 사용 목적은 기술의 기능을 한정할 수 없다. 만약 그렇게 하려고 해도, 그 의도와 사용 목적은 일시적으로 가능할지 몰라도 지속가능하지는 않을 것이다.

이러한 점은 기술을 단순히 도구로만 간주하는 관점과 배치된다. 기술을 도구로만 간주하는 관점은 기술이 인간의 의도에 맞게 작동한다고 전제한다. 하지만 기술은 인간의 의도에 잘 봉사하는 협조적인 도구가 아니다. 오히려 기술은 이러한 의도를 무시하고, 자신만의 방식으로 기능한다. 먼저 기술은 인간의 힘을 확장한다. 그리고 그것은 모두에게 파괴적인 영향력이든, 좋은 영향력이든 무차별하게 미친다.

인간이 기술을 자신의 주관적인 의도에 복무하는 도구로 가정하고 이를 사용하는 것은 기술의 일반적인 작동 방식에 대한 몰이해의 결과다. 기술은 특정 개인에게만 봉사하지 않는다. 기술은 무차별하게 누구에게나 봉사한다. 누구나 그것을 사용할 수 있으며, 누구나 그것으로부터 영향 받는다. 그래서 기술 특허권에는 항상 시효가 존재한다. 기술 특허는 기술을 개발한 이의 노력에 대한 대가를 보호해 주기 위해 존재한다. 하지만 무한정 특허를 보장해 주는 것은 아니다. 왜냐하면 기술은 예술과 다르게 제작자의 의도를 유지, 보호하는 데 매우 한계가 있기 때문이다.

형식과 기술의 기능

기술의 기능은 그 형식에서 유래한다. 제작자는 일정한 아이디어를 떠올리고, 이를 물질적으로 제작한다. 여기서 아이디어가 바로 기술의 '형식'이다. 제작자는 존재하는 것이 아니라 존재할 수 있는 것을 아이디어로 떠올리고 이를 제작한다. 카시러는 제작자의 아이디어를 가능한 것 중 최선의 것을 선택하는 행위의 결과로 본다. 말하자면 기술적 창조는 "순수 선취, 미래로 미리 나아가 새로운 미래를 불러오는 미리 봄의 법칙 아래 있다."[11] 기술적 창조는 가능성 중 최상의 형식을 선택하고, 이를 현실화한다. 이 형식은 존재하는 것보다 앞서며, 이를 뛰어넘는다. 그렇기에 기술적 형식은 존재하는 세계보다 우월하며, 이런 점에서 이 세계에 무차별하게 영향을 미친다. 프리드리히 데사우어Friedrich Dessauer는 기술작품이 "새로운 특성"을 세계 속에 가져온다고 주장한다. 여기서 새로운 특성이란 존재하는 세계 속에는 없는 특성을 가리킨다. 말하자면 기술작품의 형식·아이디어는 존재하는 세계 속에 놓여 있는 것이 아니라 새롭게 발명된 것이며, 그렇기에 이는 세계 속으로 새로운 특성을 가져온다. 기술작품은 이 아이디어를 구현한 것이 되며, 그래서 새로운 특성의 담지자로서 그것이 새로운 특성을 가졌기 때문에, 즉 존재하는 세계와는 다른 초월적인 세계에서 온 특성을 지니기에, 세계 전체에 광범위한 영향력을 미친다. 기술작품의

---

11   Ernst Cassirer, *Symbol, Technik, Sprache*, p. 82.

형식의 초월성이 기술작품의 기능을 가능케 한다. 그것은 세계 전체에 대한 광범위한 영향력이다. 즉, 기술작품은 한 개인이 자신의 의도에 따라 사용할 수 있는 대상이 처음부터 아닌 것이다. 그것의 형식은 존재하는 세계 바깥에 존재한다. 그리고 그 가능성을 통해, 혹은 그 초월성을 통해 세계 전체에 영향력을 미친다.

이러한 카시러와 데사우어의 견해를 종합해 보면 기술의 형식, 즉 그 아이디어는 인간에게만 순수하게 속하지 않는다. 왜냐하면 인간이 의도한 대로 아이디어가 작동하지 않기 때문이다. 그래서 기술의 형식과 인간의 의도는 구별해야 하며, 이 점에서 감각적 재료로 구현된 형식이 어떤 방식으로 작동할 것인지, 어떤 방식으로 사용될 것인지는 무규정적이다. 물론 처음에는 인간의 의도대로 작동할 가능성이 크지만, 기술의 사용 방식은 이 의도로 제한되지 않는다. 즉, 기술의 사용 방식은 무규정적이다. 또한 기술이 단순히 인간의 주관적 목적에 복무하지는 않는다. 기술은 단순히 몇몇 개인의 욕망 충족에만 봉사할 수도 없다. 기술은 인간 모두의 욕망 충족과 관계하며, 그래서 기술의 영향 범위는 보편적이다.

기술과 가치

기술을 단순히 도구로 사용한다는 것은 기술의 기능을 자신의 의도대로 한정시킨다는 것을 의미한다. 기술과 인간의 공진화 관계를 볼 때, 이는 너무나 일방적인 관계 설정에 지나지 않는다. 카시러는 "자연을 지배하는 것은 그것에 복종하는 방법밖에는 없다 (Natura non vincitur nisi parendo)"는 문구를 제시한다. 자연을 지배하기 위해서는 먼저 자연이 독립적이고 자신만의 법칙을 지니고 있음을 인식하고 인정해야 한다. 그래야 비로소 우리는 자연의 이러한 객관적 특성에 거스르지 않고 자연을 이용할 수 있다. 이는 바로 기술에도 해당한다. 우리는 기술 자체를 인정하고, 이에 복종함으로써 이를 이용할 수 있게 된다. 단순히 주관적인 의도만을 앞세우고, 주관적으로 특정 기술의 이익을 독차지하겠다는 것은 일시적인 소원에 불과하다. 이는 기술의 보편적인 기능에 배치된다. 또한 기술을 자신의 의도만으로 사용하겠다는 것도 소박한 꿈일 뿐이다. 이는 기술 사용 방식의 무규정성에 어긋난다.

기술은 가치중립적인 도구가 아니다. 핵폭탄을 주관적인 의도를 위해 사용하겠다고 해도, 핵폭탄은 이러한 의도에 갇히지 않는다. 핵폭탄을 방어 용도로 한정하여 사용하는 것이 가능할까? 핵폭탄은 그 사용 방식에 있어 무규정적이다. 또한 핵폭탄은 특정한 개인이나 단체, 국가를 위해 봉사하지도 않는다. 그것은 무차별적으로 영향을 미친다. 인공지능 기술이 어느 한 회사의 이익과 관계 있는 것처럼 보이지만, 결국 그것은 인간 모두에게 어떤 방식으로든 무차별하게 보편적으로 영향을 미치기 마련이다. 또한 인공지능 기술이 인간의 의도대로 움직이지 않을 것이란 점도 명확하다.

결국 기술은 인간 정신의 작품이지만, 또한 사물 세계에 속하는 사물이라는 점, 즉 기술의 이중성에 주목해야 한다. 기술이 어떻게 사용될지에 대해 인간은 제한적으로만 예측할 수 있다. 기술이 어떤 범위에 영향을 미칠지도 인간은 가늠할 수 없다. 즉, 기술은 그 사용 방식에 있어 무규정적이며, 그 영향 범위에 있어 보편적이다.

이 점에서 우리는 인간 전체로서 기술과 관계해야 한다. 기술은 단순히 주관적 의도에 따라 작동하는 것이 아니며, 나의 주관적인 이익 추구에만 봉사하는 것도 아니다. 다시 말해 기술은 인간이 설정한 어떤 가치에 봉사하는 단순한 도구가 아니다. 기술은 그 작동이 무규정적이고 모두에게 영향을 미치는 만큼, 우리는 인간 종 전체로서 기술을 다뤄야 한다. 나의 개인적인 이익 관점에서 기술을 바라보는 것은 기술 자체의 본성에 맞지 않다. 우리는 나의 관점에서 벗어나 우리 모두의 관점에서 기술을 바라봐야 한다. 이를 위해서는 기술의 이중성을 먼저 인식하고 이를 인정하는 것이 필요하다.

기술은 그 자체로 윤리적 가치를 지니지는 않는다. 다만 윤리적 가치와 동일한 형식으로 작동한다. 윤리적 가치는 보편타당하다. 즉, 어떤 문화공동체에도 적용 가능하다. 이런 점에서 기술과 공통점을 지닌다. 기술은 누구에게나 영향을 미친다. 여기서 예외는 없다. 기술이 특정 문화권에 속한 이에게만 영향을 미치고, 다른 문화권에 속한 이에게 영향을 미치지 않는 경우는 존재하지 않는다. 윤리적 가치도 누구나 의욕해야 하겠지만, 의욕하지 않는 사람도 윤리적 가치를 따라야 한다는 점에서 예외가 없다. 기술 자체도 우리 모두의 의욕의 대상은 아니다. 누군가는 특정 기술을 필요로 하는 반면, 누구는 이를 배격할 수도 있다. 처음에는 소수만이 이를 사용하는 것처럼 보인다. 하지만 우리가 이러한 기술을 필요로 하는지 여부와 상관없이 기술은 점차 우리 삶의 필수 조건이 된다. 인공지능을 필요로 하지 않는 사람이 있다 해도, 이 기술은 그 사람에게 영향을 미치게 되어 있다. 그 사람이 이 기술을 직접 사용하지 않는다 해도, 간접적으로 사용할 수밖에 없게 된다. 기술적 조건에서 빠져나올 수 있는 사람은 아무도 없다. 즉, 윤리적 가치와 기술 모두 이를 원하든 원치 않든 이를 인정해야 하며 이를 거부할 수 없다. 이는 선택의 문제가 아니다. 윤리적 가치와 기술은 누구에게나 보편적이다. 이를 원하고 필요로 하는지 여부는 중요하지 않다.

인공지능 기술이 어떤 방식으로 사용될지는 현재로서는 아무도 예측할 수 없다. 또한 이러한 사용 방식의 무규정성과 함께 기술은 누구에게나 보편적으로 영향을 미친다. 이 점을 인정한다면, 우리는 기술이 어떤 방향으로 우리를 이끌지를 예의 주시해야 한다. 기술은 특정한 방향으로 나아간다. 기술은 특정한 방식으로 사용되며, 그 방식은 예측 불가능하다. 하지만 그것의 영향 범위는 보편적이다. 이러한 사용 방식을 기술의 가치라고 할 수 있다면, 기술은 가치를 지닌다. 인공지능이 인간이 원하는 방식대로 사용될지 혹은 이를 뛰어넘을지는 현재 알 수 없다. 하지만 시간이 지남에 따라 인공지능의 사용 방식은 이 기술이 발전하는 만큼 계속 변화할 것이다. 기술적 포스트휴머니즘이 주장하듯, 인공지능은 인간을 대체하는 방향으로 나아갈 수 있다. 이런 방식으로 인공지능이 기능한다면, 즉 그 사용 방식이 결정된다면, 이런 방향에서 인공지능은 일정한 가치를 지닌다고 할 수 있다. 인간성의 확장이 아니라 인간성의 소멸이 바로 인공지능이 보여 주는 가치인 셈이다.

기술 사용 방식의 무규정성 때문에, 우리는 기술이 어떻게 사용될지 예측할 수 없다. 기술의 방향성, 그 가치는 우리에게 완전히 알려지지 않으며, 이는 심각한 문제다. 기술의 발전 상황에 따라, 그리고 기술과 인간의 관계에 따라, 기술의 기능 혹은 그 사용 방식이 정해진다. 기술의 가치는 매우 복잡한 상관관계에 따라 결정된다. 특정 그룹이 특정 기술의 사용 방식을 정한다 해도, 이는 일시적일 뿐이다. 곧 기술 사용을 제어하는 것이 불가능하다는 걸 인정해야만 한다.

그래서 기술에 대한 선제적 담론은 매우 중요하다. 인공지능과 관련해서 여러 우려와 희망 섞인 전망 등이 상대적으로 많이 논의되는 것은 다행스럽다고 할 수 있다. 이러한 기술에 대한 반성은 기술의 이중적 측면 때문에 필요하다. 기술을 단순히 도구로만 다루는 것은 기술 자체의 본성에 의해 거부된다. 여기서 우리는 기술을 사유의 대상, 반성의 대상으로 여기면서 기술과 어떤 방식으로 관계를 맺을 것인지를 논의해야 한다. 기술의 가치 자체가 우리에게 알려져 있지 않기 때문에, 우리는 기술과 조심스럽게 관계를 맺어야 한다. 이는 사유를 통한 관계 맺음이다. 첨단 기술 발전에 열광하는 시대다. 이런 때일수록 더욱더 우리는 기술 발전에만 관심을 기울 게 아니라 기술에 대한 반성에도 힘써야 한다. 기술의 가치를 조심스럽게 파악하기 위해, 우리는 주관적인 관점에서 벗어나 우리 모두의 관점에서 기술에 대한 사유를 시도해야 한다. 그리고 이 사유를 기술의 가치, 즉 그 기능의 방향성을 어느 정도 통제할 수 있을 정도로 전개해야 한다. 최소한 우리가 기술을 단순히 주관적 이익 추구를 위한 도구가 아니라 우리 모두의 관점에서 조심스럽게 관계 맺어야 할 어느 정도 독립적인 주체로 여긴다면, 기술은 단순히 사물 세계에 속하는 낯선 특성뿐만 아니라, 우리 자신의 창조물로서의 특성 또한 보여 줄 것이다.

제2장

포스트휴먼 시대의 로봇 돌봄

: 체화인지적 정당화

| 이 영 의 |

들어가는 말

우리의 삶은 다양한 방식으로 펼쳐지는 자신과 외부 세계와의 역동적 상호작용의 총체이다. 근대 과학혁명 이후 과학·기술은 어떤 다른 외적 요인들보다도 인간의 삶에 결정적 영향을 미쳐 왔다. 인공지능·빅데이터·지능형 로봇·자율주행차·3D프린팅·사물인터넷·클라우드컴퓨팅 등을 기반으로 하는 4차 산업혁명은, 주관과 객관을 통합하고 신체적·인지적 차원을 넘어 정서적·도덕적 차원에서의 인간 향상을 목표로 하고 있으며, 부분적으로 그 목표가 달성되고 있다. 그 결과 우리의 삶은 이전 시대와는 비교가 되지 않을 정도로 변화하고 있으며, 이른바 포스트휴먼 시대가 전개되고 있다. 데카르트를 비롯한 근대 철학자들은 몸뿐만 아니라 외적 세계에 대한 정신세계의 독립성과 우월성을 바탕으로 비인간 존재에 대한 인간의 우월성을 주장해 왔지만, 포스트휴먼적 관점에서 볼 때 그런 생각은 인간을 세계의 중심으로 보는 휴머니즘을 제외하고는 정당성의 근거를 발견하기 어렵게 되었다.

'제4차 산업혁명'이라는 용어는 2016년 스위스 다보스에서 열린 세계경제포럼World Economic Forum에서 처음 등장했다. 다보스 포럼의 설립자 겸 의장인 슈왑K. Schwab에 따르면, 제4차 산업혁명은 인공지능·로봇 기술·사물인터넷·자율주행차·3D프린팅·나노 기술·생명공학·재료과학·에너지 보존·양자 컴퓨팅 등과 같은 물리적·디지털·생물학적 영역을 넘나드는 첨단 기술들의 융합인 동시에 그것들 간의 상호작용이다. 제4차 산업혁명은 구체적으로 다음과 같은 특징을 갖는다.[1] ① 속도: 이전의 산업혁명들과 달리 제4차 산업혁명은 기하급수적인 속도로 전개된다. ② 너비와 깊이: 제4차 산업혁명은 제3차 산업혁명이 초래한 디지털 혁명에 기반을 두고 위에서 언급된 다양한 기술들의 결합으로 경제·산업·사회에서 전대미문의 패러다임 전이가 나타나고, 그 결과 우리가 무엇을 어떻게 해야 하는가뿐만 아니라 우리가 누구인가라는 인간 정체성의 변화가 초래된다. ③ 체계 효과: 제4차 산업혁명은 국가·기업·산업·사회 전반에 걸친 전 체계의 변형이 발생한다.

　제4차 산업혁명은 매우 빠른 속도로, 광범위한 영역에서, 예상을 넘은 심각한 정도로 나타나며, 그 결과 삶의 공간을 현재와는 완전히 다른 형태로 변형시킬 것으로 예상된다. 여기서 우리는 슈왑이 사용한 '패러다임 전이paradigm shift'라는 용어에 주목할 필요가 있다. 과학혁명의 특징을 드러내기 위해 그 용어를 사용한 쿤T. Kuhn에 따르면 과학혁명은 위기와 새로운 패러다임의 등장에 이어 나타나는 패러다임의 전이이며, 과학혁명 전후의 과학자들은 서로 다른 세계에 살게 된다. 패러다임 전이의 가장 중요한 특징은 패러다임 간 공약불가능성incommensurability이다. 과학혁명을 겪고 있는 과학자들에게는 패러다임을 비교 평가할 수 있는 분명한 기준이 없다. 이런 특징을 고려하면 제4차 산업혁명 이후 인류의 삶의 공간은 혁명 이전의 세계와 현격히 차이가 날 것이고, 그 세계를 지지

---

[1]　K. Schwab, *The Fourth Industrial Revolution*, New York, 2018, p. 3.

하는 정치적·경제적·사회적·문화적·과학기술적 장치들과 그
것들이 지향하는 가치 및 규범 체계는 비교 불가능할 정도로 매우
다르게 변할 것이다. 커즈와일R. Kurzweil(2005)은 기술 변화의 속도가
매우 빠르고 그 영향이 강력하여, 인간의 삶이 비가역적으로 변형
되는 시점을 특이점technological singularity이라고 명명하면서 그것
이 2045년경 도래할 것으로 전망했다. 특이점이 도래하는 시점에
대해 학자마다 다른 견해를 제시하고 있는데, 우리의 논의에서 중
요한 것은 특이점이 언제 도래할 것인가가 아니라 그것이 과연 나
타날 것인가이다.

특이점의 도래 시점과 별도로 인류가 이전과 매우 다른 세계에
살게 될 것이고 매우 다른 가치를 추구하게 된다는 점에서, 우리
는 이미 포스트휴먼 시대에 살고 있다. 이 글은 포스트휴먼 시대
에 중요한 삶의 문제로 부상하고 있는 돌봄의 문제를 중심으로 로
봇 돌봄에 대한 비판으로 제기되고 있는 속임논증deception
argument의 문제를 지적함으로써 제한적 범위와 용도에서의 로봇
돌봄을 지지한다. 논의 순서는 다음과 같다. 우선 터클S. Turkle(2011)
이 포스트휴먼 시대 로봇 돌봄을 비판하면서 제기한 윤리적 문제
를 포스트휴먼 시대의 성격에 비추어 분석하고, 다음으로 포스트
휴먼의 정체성을 제공하는 이론으로서 트랜스휴머니즘과 포스트
휴머니즘을 살펴본다. 이상의 논의를 바탕으로 돌봄로봇의 현황
을 간단히 소개하고, 이어서 인간이 돌봄로봇에 의해 돌봄을 받고
있다고 생각하는 것은 실제로 속임을 당하는 것이리고 주장하는
속임논증을 비판적으로 검토한다. 마지막으로 돌봄의 진정성은

돌봄 환경에 의해 결정된다고 주장하는 환경가설(Environmental hypothesis, D. Meacham and M. Studley, 2017)을 체화된 마음 이론Theory of embodied mind을 통해 정당화함으로써 로봇 돌봄의 정당성을 제공한다.

포스트휴먼 시대의 돌봄 문제

포스트휴먼 시대에 대한 기존의 다양한 견해들을 정리하면 그 시대의 특징은 다음과 같이 세 가지로 요약될 수 있다.

- 초연결hyper-connectivity: 인터넷에 기반을 둔 다양한 매체를 통해 인간-기계-사물-데이터 간 광범위하고 긴밀한 연결망이 형성된다.
- 초인공지능artificial superintelligence: 인공지능이 인간 지능과 대등한 수준을 넘어서 능가할 정도로 진보한다.[2]
- 초인간super human: 과학·기술의 발전으로 인해 인간 수명이 증가하고 신체적·인지적·정서적·도덕적 차원에서의 증강 및 향상을 통해 초인간이 등장한다.

---

2 인공지능의 발전은 일반적으로 다음과 같이 세 가지 단계로 구분된다. ① 좁은 인공지능artificial narrow intelligence: 한정된 인지 과제만을 수행하는 AI, ② 범용 인공지능 artificial general intelligence: 모든 인지 과제를 인간 수준에서 성공적으로 수행하는 AI, ③ 초인공지능: 모든 중요한 측면에서 인간 지능을 능가하는 AI.

포스트휴먼 시대를 특징짓는 초연결, 초인공지능, 초인간은 인간의 삶에 어떤 영향을 미치게 될 것인가? 첫째, 초연결성은 한편으로는 인간 간 관계맺기를 더 쉽게 하고 관계의 범위를 확대할 뿐만 아니라 기술적 한계로 실현되기 어려웠던 사회·정치적 이상 구현을 가능하게 할 수 있다. 예를 들어, 초연결은 특정 부분에서 직접민주주의를 구현하고, 블록체인 기술을 활용한 투표 체계를 가능케 하는 수단을 제공한다. 그러나 초연결은 인간 삶에 부정적 영향을 미치기도 하는데, 가장 대표적인 것으로 인간이 초연결사회에서 고독해지는 현상을 들 수 있다. 이와 관련하여 터클(2011)은 초연결이 진정한 인간관계를 제공하지 못하기 때문에 초연결사회에서 자기상실과 고독이 증가한다고 주장한다. 터클이 지적한 '연결 속 고독'이라는 역설적 현상은 초고령화 현상과 맞물려 곧이어 논의될 노령층 돌봄이라는 심각한 문제를 제기한다.

둘째, 인간 지능을 능가하는 초인공지능의 등장은 뿌리 깊은 계몽주의적 휴머니즘을 위협한다. 합리성은 더는 인간과 비인간을 구분하는 기준으로 작용하기 어렵게 되었다. 예를 들어 IQ 34,597의 초인공지능은 0.01초 안에 미국 의회도서관의 모든 책을 읽고 분석하여 특정 지식을 유도해 낼 수 있는 능력을 갖추고 있다.[3] 만약 이런 능력을 갖춘 초인공지능이 등장한다면 인간의 삶은 어떻게 될 것인가? 철학자 보스트롬N. Bostrom에 따르면 초

---

3 W. Bryk, "Artificial Superintelligence: The Coming Revolution", *Harvard Science Review*, 29(1), 2015, p. 40.

인공지능의 등장은 인류에게 실존적 위기existential risk를 초래할 수 있다.[4] 인간이 초인공지능에게 인간 생존의 필요성을 이해시키지 못하면 인류는 멸종하게 된다는 것이다. 이런 비관적 견해에는 초인공지능이 당연히 인간 생존의 필요성을 이해하지 못할 것이라는 전제가 숨어 있다. 그동안 인간이 인간과 다른 종에게 가한 차별, 폭력, 살상과 환경 파괴를 고려하면 그 이유가 충분히 드러난다. 보스트롬은 초인공지능의 등장을 예방하기 위해 초인공지능 연구 및 개발을 통제해야 한다고 주장한다. 그런 통제는 두 가지 방법이 있는데 하나는 초인공지능의 능력을 통제하는 것이고, 다른 하나는 초인공지능이 스스로 자신의 동기를 선택하지 못하도록 통제하는 방법이다.[5]

셋째, 인공지능만 발전하는 것이 아니라 인간도 현인류homo sapiens의 한계를 벗어나 초인간으로 진화한다. 현인류가 초인간으로 진화하는 길에는 과학·기술을 수단으로 하여 건강 증진, 수명 연장, 지적 능력과 감정 통제 능력의 증진, 새로운 감성 체계의 구성 등과 같은 인지적·정서적·신체적 향상뿐만 도덕적 향상을 통한 인간 본성의 개조 및 마음전송mind uploading을 비롯한 탈신체화, 그리고 기계와 결합하는 사이보그화를 포함한다. 하라리Y. Harari(2015)가 새로운 천년에는 불멸·행복·신성deity이 인류의 새로운 과제가 될 것이라고 주장했듯이, 불로장생은 인간의 근본 욕

4 N. Bostrom, *Superintelligence: Paths, Dangers, Strategies*, Oxford, 2014, pp. 115-116.

5 N. Bostrom, *Superintelligence: Paths, Dangers, Strategies*, 8장.

구 중 하나였다. 초인간은 마음전송, 인체냉동cryonics, 인공두뇌 artificial brain 등을 통해 죽음을 기술적으로 극복할 것이다. 초인간의 등장을 암시하는 주요한 지표는 장수이다. 유엔UN이 제시한 기준에 따르면 한 국가의 총인구 중 65세 이상 인구 비율이 7퍼센트, 14퍼센트, 20퍼센트 이상이면 각각 고령화사회aging society, 고령사회aged society, 초고령사회super-aged society로 분류된다. 일본은 1970년 고령화사회, 1994년 고령사회, 2006년 초고령사회에 진입했으며, 한국은 2000년 고령화사회, 2018년 고령사회에 진입했고 2026년에는 초고령사회에 진입할 것으로 예상된다.

지금까지의 논의를 정리해 보면, 포스트휴먼은 인간뿐만 아니라 사물과 연결된 존재이고, 물리적 세계뿐만 아니라 가상세계에서도 생존할 수 있으며, 건강하고 오래 살 수 있는 존재이다. 여기서 우리는 포스트휴먼의 삶에 대해 중요한 질문들을 제기할 수 있다. 예를 들어, 우리는 포스트휴먼의 삶이 아리스토텔레스적 의미에서 진정으로 '행복한 삶'인지를 질문할 수 있다. 이것은 철학적으로 중요한 문제이지만 이 글의 주제는 아니므로, 여기서는 그것을 논의하는 대신에 또 다른 중요한 문제를 다루고자 한다. 그 문제는 앞에서 논의된 포스트휴먼 시대의 특징으로부터 발생한다.

① 인간은 초연결로 인한 고독과 자기상실의 문제에 직면한다.
② 인간의 많은 일은 초인공지능이 대신하게 된다. 그중에는 사회 노령층을 돌보는 일도 포함된다.
③ 인간은 점점 더 오래 살고, 인간 사회는 초고령사회로 접어든다.

④ 그 결과 인간은 연로한 자신의 부모와 사회의 노인들을 돌보기 어렵게 된다.

이상의 ①-④로부터 나타난 문제를 포스트휴먼 사회의 돌봄 문제라고 하자. 이 문제는 현재 초고령사회에 진입한 사회뿐만 아니라 초고령화가 진행되고 있는 사회에서도 심각한 사회문제로 부상하고 있다. 이 문제는 사회 노령층의 복지에 관한 사회적 문제일 뿐만 아니라, 한국·일본·중국 등 효孝 사상이 사회윤리로 작용하고 있는 사회에서는 심각한 윤리적 문제로 부상하고 있다.

터클은 ①-④로부터 다음과 같은 심각한 윤리적 문제를 제기한다.[6] "당신의 부모가 고독하게 여생을 보내다가 세상을 떠나게 할 것인가, 아니면 돌봄로봇이 당신 대신에 부모를 돌보도록 할 것인가?" 이 문제의 일반화 버전은 다음과 같다. "당신은 우리 사회의 노인들이 고독한 삶을 살기를 원하는가, 아니면 그들이 돌봄로봇과 함께 지내도록 배려할 것인가?" 여기서 분명히 나타나듯이 터클이 제시한 윤리적 문제는 돌봄 포기인가 아니면 로봇에 의한 돌봄(로봇 돌봄)인가라는 양자택일의 형식을 갖고 있다. 터클은 그 두 가지 선택지 중 로봇 돌봄은 윤리적으로 잘못된 것이므로, 돌봄은 전적으로 인간에 의한 돌봄이어야 한다고 주장한다. 돌봄은 인간과 인간의 관계이므로, 로봇 돌봄은 진정한 선택지가 될 수 없다는 것이다.

---

6 S. Turkle, *Alone Together*, New York, 2011, p. 289.

이처럼 터클은 돌봄의 문제를 '인간에 의한 돌봄'과 '인간이 아닌 존재에 의한 돌봄' 즉, 로봇 돌봄이라는 양자택일의 문제로 설정하고, "로봇 돌봄=돌봄 포기"라는 결론을 끌어낸다. 그러나 터클의 이런 결론은 초고령사회에 진입했거나 초고령사회로 진입 중인 사회에서 여러 가지 이유로 고령의 부모를 직접 돌보지 못하는 사람들은 '비윤리적 인간'이라는 윤리적 비난으로 이어질 수 있다. 물론 터클은 부모를 직접 돌보지 못하는 경우, 국가 또는 사회가 부모를 돌보거나 아니면 자신이 직접 다른 사람을 고용하여 부모를 돌보아야 한다고 주장할 것이다. 터클의 주장이 설득력이 있으려면, 자손이 아닌 제3의 사람에 의한 돌봄의 질이 로봇에 의한 돌봄의 질에 비해 항상 더 낫다는 점이 보장되어야 한다. 그러나 자식이나 요양병원·요양원의 요양보호사, 또는 개인적으로 고용된 사람에 의한 돌봄, 즉 인간 돌봄이 언제나 로봇 돌봄보다 더 낫다는 주장은 타당한가? 그렇지 않은 경우도 상상할 수 있으므로 그 두 가지 돌봄을 비교하기 위해, 개인적이고 사회적인 효율성과 편의성 차원뿐만 아니라 정서적이고 윤리적 차원에서 그 두 가지 돌봄을 비교 평가하는 실증적 조사가 이루어질 필요가 있다.

탈휴머니즘: 트랜스휴머니즘과 포스트휴머니즘

여기서 논의하는 포스트휴먼 시대는 '막연한 미래'가 아니라 '포스트휴먼'이 삶을 영위하는 세계이다. 포스트휴먼 시대를 제대로 이해하려면 그것의 이론적 배경인 트랜스휴머니즘transhumanism과 포스트휴머니즘posthumanism을 검토할 필요가 있다. 이 두 사상은 학자에 따라 각기 다른 의미로 사용되고 있으므로, 구체적 논의를 시작하기 전에 먼저 가능한 한 그 내용을 규정해 둘 필요가 있다. 트랜스휴머니즘과 포스트휴머니즘은 휴머니즘에 대한 비판사상이라는 점에서 탈휴머니즘이다. 그렇다면 휴머니즘은 무엇인가? 휴머니즘은 다음과 같은 세 가지 기본 원리에 기반하고 있다.

① 합리적 존재: 인간은 이성에 따라 생각하고 추리하고 판단하는 합리적 존재이다.
② 윤리적 존재: 인간은 자유의지에 따라 윤리적 판단을 내리고 행위를 하며 그에 대한 책임을 질 수 있는 윤리적 존재이다.
③ 존엄한 존재: 인간은 비인간과 구별되는 내재적 존엄성을 갖는 존재이다.

탈휴머니즘은 위의 세 가지 원리 중 한 가지 이상을 비판하면서 출발한다.

트랜스휴머니즘은 지난 2세기에 걸쳐 점진적으로 발전해 온 다양한 사상의 연합체로서 "H⁺"로 상징되는, 과학·기술에 의한 인간 향상human enhancement을 지향한다. '트랜스휴머니즘'이라는 용어를 현대적 의미로 처음 도입한 것으로 알려진 모어M. More(1990)에 따르면, 트랜스휴머니즘은 과학·기술을 수단으로 하여 인간의 현재 형태와 한계를 극복함으로써 지적 생명체 진화의 연속성과 가속을 추구하는 생철학의 집합이다.

트랜스휴머니즘의 목표는 세계트랜스휴머니스트협회WTA: World Trans humanist Association의 '트랜스휴머니스트 선언Transhumanist Declaration'에 구체적으로 잘 나타나 있는데,[7] 다음은 선언에서 우리 주제와 직접 관련된 부분이다. ① 인간성은 과학·기술에 의해 근본적으로 영향을 받게 된다. 노화, 인지적 결함, 불의를 극복하고 지구의 한계를 벗어남으로써 인간의 잠재력이 확장될 수 있다. ② 인간의 잠재력은 아직도 대부분 실현되지 않고 있다. 인간 조건을 가치 있는 것으로 향상할 수 있는 여러 방안이 있다. ③ 인간성이 심각한 위험들, 특히 새로운 기술의 오용에서 비롯된 위험에 직면하고 있다. 가치 있는 것들의 대부분, 심지어 전부가 사라질 수도 있다. 진보는 모두 변화에서 비롯되지만 모든 변화가 반드시 진보를 가져오지는 않는다. ④ 인간과 인간 아닌 동물, 미래의 모든 인공지능체, 변형 생명체, 또는 과학·기술의 진보로 인해 등장하게 될 여타의 지성적 존재를 포함해서 감정을 가진 모든 존재의 행복이 추구되어야 한다. ⑤ 개인이 자신의 삶을 살아가는 방식에 대해 독자적으로 선택할 가능성이 확장되어야 한다. 여기에는 기억·집중력·정신력을 보조하기 위해 개발될 기술의 사용을 비롯하여 생명 연장 시술, 생식에 관한 선택 기술, 인체 냉동보존술, 인간

---

7 이 선언은 1998년 WTA에 의해 초안이 마련되었고 여러 차례 수정을 거쳐 2009년 WTA 의 후신인 Humanity Plus에 의해 채택되었다. https://humanityplus.org/philosophy/ transhumanist-declaration.

변형 및 능력 향상을 위한 여타의 가능한 기술들이 포함된다.

모어의 정의와 트랜스휴머니스트 선언에서 트랜스휴머니즘의 이중성이 드러난다. 한편으로 트랜스휴머니즘은 과학·기술을 수단으로 하여 인지적·정서적·신체적 향상뿐만 아니라 최종적으로는 도덕적 향상을 통한 인간 본성의 변형과 마음전송을 비롯한 탈脫신체화를 목표로 한다는 점에서 반反휴머니즘이다. 그러나 다른 한편으로 트랜스휴머니즘은 인간의 합리성에 기초를 둔 계몽주의적 진보 사상을 수용함으로써 여전히 휴머니즘을 계승한다. 이처럼 트랜스휴머니즘은 인간을 기술적으로 재구성될 수 있는 존재로 볼 것을 주장하면서도 건강, 행복, 장수 등 휴머니즘적 가치를 수용하는 이중적 성격을 갖고 있다.

트랜스휴머니즘의 이중성은 트랜스휴먼의 이중성의 원인이 된다. 트랜스휴먼은 한편으로는 호모사피엔스로서의 현인류에게 주어진 생물학적 조건과 그것에 기반을 둔 삶의 경계를 극복하고 넘어서려는 존재이지만, 여전히 휴머니즘적 이상과 가치를 추구하는 존재라는 점에서 '이중적 성격'을 지닌 존재'이다. 니체적 관점에서 보면 트랜스휴먼은 인간과 초인 사이에 걸쳐 있는 줄을 타고 건너가고 있는 중간적 존재이다. 어떻게 인간이 휴머니즘적 가치를 수용하면서 동시에 반反휴머니스트가 될 수 있는가? 이 질문에 대한 트랜스휴머니즘의 표준적 대답은 포스트휴먼이다. 즉, 현인류는 트랜스휴먼을 거쳐 최종적으로 포스트휴먼으로 진화하고, 그 결과 트랜스휴먼의 이중성은 사라진다는 것이다. 여기에는 포스트휴먼은 더는 휴먼이 아니라는 생각이 들어 있다. 그러나 이런 대답은 트랜스휴먼의 이중성을 극복하는 데는 성공할 수 있지만, 트랜스휴먼이 더는 휴먼이 아닌 포스트휴먼을 지향해야 하는 이유를 제공하지 못한다는 점에서 충분한 대답이 될 수 없다.

이제 포스트휴머니즘을 살펴보기로 하자. '포스트'라는 접두어는 '이후after' 또는 '넘어서beyond'의 의미로 사용되고 있는데, 이 글에서는 후자로 이해되는 포스트휴머니즘을 검토한다. 후자의 용법에서 본 포스트휴머니즘은 인간중심적 휴머니즘의 원리들에 의해 규정되고 구성된 이론, 이념, 관습, 문화, 제도를 넘어서려는 사상이다. 헤일즈K. Hayles는 포스트휴머니즘의 특징을 다음과 같이 제시한다.[8] 첫째, 정보 패턴이 어떤 물질적 예화보다도 존재 상태에 더 중요하며, 그 결과 우리가 특정한 생물학적 기질로 체현된 것은 생명의 필연성이라기보다는 역사적 우연성이다. 둘째, 비물리적 영혼은 없으며 의식은 부수 현상이다. 셋째, 몸은 보철물에 불과하며 한 보철물을 다른 것으로 교체하는 것은 출생 이전부터 시작된 과정의 연속이다. 넷째, 인간은 매끄럽게 지적인 기계와 연결될 수 있다. 포스트휴먼에게는 신체적 존재와 컴퓨터 **모의**, 사이버네틱 기제와 생물학적 유기체, 로봇 목적과 인간 목표 간에 본질적이거나 절대적 경계가 없다.

이상에서 볼 수 있듯이, 포스트휴머니즘은 다음과 같은 점에서 트랜스휴머니즘과 차이가 난다. 첫째, 트랜스휴머니즘이 현인류라는 특정한 휴먼을 가정하는 데 비해, 포스트휴머니즘은 현인류

---

8 K. Hayles, *How We Became Posthuman*, Chicago, 1999, pp. 2-3.

포스트휴먼 시대의 로봇 돌봄 |

로서의 '휴먼' 자체를 비판한다. 포스트휴머니즘은 구체적으로 인간 본성으로 간주되어 온 합리성과 자율성을 부정하고 인간중심적 휴머니즘의 한계를 극복하고자 한다. 둘째, 포스트휴머니즘은 인간과 다른 존재 간 이분법을 거부한다. 헤일즈가 강조했듯이, 포스트휴머니즘은 인간과 동물, 인간과 기계, 물리적 존재와 사이버 존재의 구분을 인정하지 않는다. 인간은 기계와 결합하여 사이보그가 될 수 있으며 그런 존재 방식을 통해 인간은 기계와 함께 진화한다(인간·기계 공진화). 셋째, 포스트휴머니즘은 트랜스휴머니즘과 비교하면 보다 덜 목적론적이다. 즉, 포스트휴머니즘은 '인간 향상'이라는 목표에 집착하지 않으며 인간이 포스트휴먼에 도달할 수 있는 다양한 길을 모색한다.

마지막으로 포스트휴머니즘은 현 시대 진단에 있어서 트랜스휴머니즘과 차이가 난다. 트랜스휴머니즘에 따르면 휴먼은 트랜스휴먼을 거쳐 포스트휴먼으로 진화한다. 트랜스휴머니즘에 따르면, 트랜스휴먼에서 포스트휴먼에 이르는 데에는 상당한 시간이 필요할 것이기 때문에 포스트휴먼은 먼 미래에 등장할 것으로 보인다. 반면 포스트휴머니즘에 따르면 포스트휴먼은 그것의 기본 원리가 충족되면 현재에도 존재할 수 있다. 예를 들어, 튜링기계Turing machine와 튜링 검사Turing test를 통해 인공지능의 발전에 크게 공헌한 튜링A. Turing(1912~1954)은 포스트휴먼이었다. 이런 의미에서 헤일즈는 현인류가 이미 포스트휴먼 시대에 진입했으며 우리는 이미 포스트휴먼이라는 점을 강조한다.

로봇 돌봄

인류는 오랫동안 인간처럼 생각하고 움직이는 기계를 상상해 왔다. 그 과정에서 '로봇'이라는 개념이 등장했는데, 현대적 의미에서의 로봇은 체코 극작가 차페크K. Čapek의 희곡《로숨의 유니버설 로봇Rosuum's Universal Robots》에 등장하는 '로보타Robota'라는 용어에서 유래되었다. '로보타'는 체코어로 '노예' 또는 '강제노동'을 의미하는데, 차페크의 희곡에서 로보타는 감정과 영혼이 없는 존재이다. 인간은 로보타를 대량생산하여 노동을 시키는데, 어느 날 로보타들이 반란을 일으켜 인간을 노예로 삼는다.[9]

오늘날 로봇은 산업 현장에서 대량생산과 자동화를 가능케 한 주역이다. 데볼G. Devol Jr.과 엥겔버거J. Engelberger가 개발한 최초의 산업 로봇인 '유니메이트Unimate'가 1956년 제너럴모터스사의 뉴저지 공장에 설치된 이후로 다양한 산업 로봇이 개발되어 활용되고 있다. 이제 로봇은 산업 분야를 넘어서 군사, 의료, 예술 분야를 거쳐 최종적으로 '로봇청소기', '챗봇', 'AI 스피커', '소셜로봇social robot'의 형태로 우리 일상에 침투하고 있다. 우리의 관심은 소셜로봇이다. 소셜로봇은 정서적 차원에서 인간과 의사소통할 수 있도록 물리적으로 구현된 자율적 행위자이다.[10] 현재 다양한

---

9 K. Capek, *R.U.R.*, 1920. http://preprints.readingroo.ms/RUR/rur.pdf.

10 K. Darling, "Extending Legal Protection to Social Robots", *IEEE Spectrum*, Sep 11., 2012,

소셜로봇이 등장하고 있는데, 그 적용 분야는 정보 및 소통·건강 돌봄·건강 및 사회복지·교육·소매업·예술 및 오락·숙박 및 음식 봉사 등이다.[11]

현재까지 등장한 소셜로봇 중 대표적인 것으로 다음과 같은 것들이 있다.

	Jibo	Pepper	Robobear	Paro	Harmony
년도	2012~2018	2014	2015	2001	2017
가격	$899	$1500	$252,000	$500	$17,000
주요 용도	대화	서비스	돌봄	돌봄	섹스

위 목록에 나타난 소셜로봇은 인간 돌봄에 활용될 수 있다. 다시 말하면 그것들은 돌봄로봇으로 기능할 수 있다. 그러나 소셜로봇이 모두 돌봄로봇으로 분류될 수는 없다. 왜냐하면, 해당 소셜로봇의 주 기능이 단순히 '소셜' 기능에 국한되고 '돌봄' 기능이 부족할 수 있기 때문이다. 물론 소셜로봇과 돌봄로봇을 구분하는 분명한 기준이 있는 것은 아니다. 소셜로봇을 챗봇, 돌봄로봇, 반려로봇, 섹스로봇 등으로 세분화하는 것은 로봇의 기능이 아니라 로봇이 사용되는 용도를 중심으로 이루어지기 때문에 그 구분은 언제든 변경될 수 있다. 또한 소셜로봇은 그것의 기능 변경 없이도 사용자가 그것을 사용하는 맥락에 따라 다르게 분류될 수도 있

---

11 R. Wagenmakers, "Social Robots", *KPMG Advisory N. V.*, Arnhem, 2016, p. 11.

다. 예를 들어, 일차적으로 대화로봇으로 분류된 로봇 '지보Jibo'는 돌봄로봇이나 반려로봇으로 활용될 수 있다.

로봇 '페퍼Pepper'는 대표적인 돌봄로봇 중 하나이다. 페퍼는 사용자의 표정과 목소리를 감지하는 '감정 엔진'을 탑재하고 대화를 통해 학습하는 기능이 있다. 페퍼의 주 용도는 소매 서비스, 접수 서비스와 관광 안내, 노인 요양 및 의료 서비스, 교육 영역이다. 특히 페퍼는 말할 기회가 적은 노인의 대화 상대로 활용되어 고독과 소원한 인간관계로 인한 정신질환이나 치매를 치유하고 예방하는 데 큰 성과를 거두고 있다. 페퍼 이외에도 소셜로봇이 돌봄을 넘어 치매와 자폐증을 치료하는 데 매우 효과적이라는 보고가 있다.[12] '삼성봇 케어Samsung Bot Care'는 노약자의 건강과 생활 전반을 종합적으로 관리한다. 예를 들어, 사용자의 혈압·심장박동·호흡·수면 상태를 측정하고 약 먹는 시간을 관리하고, 가족과 주치의가 스마트폰으로 건강관리 일정을 설정할 수 있다. 또한, 낙상·심정지 등 위급 상황을 감지하면 119에 연락하고 가족에게 상황을 알려 주고, 스트레칭과 운동을 제안하거나 즐기는 음악을 들려주고 대화도 나눌 수도 있다. 삼성봇 케어는 노약자 돌봄 외에도 서비스 영역을 가족 구성원으로 확대해 일정 관리·건강 돌봄·교육·화상 미팅 등 개인별 맞춤화된 서비스를 제공한다.

다른 한편으로 초고령사회 진입을 눈앞에 두고 있는 한국의 지

---

12 예를 들어, 페퍼의 자매 로봇인 나오Nao는 자폐아 치료에 활용되고 있고, 로봇 파로 Paro는 치매 치료에 효과적인 것으로 보고되고 있다.

방자치단체들은 노령층을 돌보기 위해 로봇을 활용하고 있다. 예를 들어, '효돌이 · 효순이'는 식사 · 약 복용 · 체조 알람 등 건강생활 관리, 움직임 감지를 통한 안전 관리, 안부 인사 · 노래 · 말벗 등 정서 관리를 제공할 수 있다. 또한 로봇이 아닌 대화형 스피커를 통한 돌봄도 제공되고 있다. 예를 들어, '다솜이'는 식사 · 약 복용 · 기상 알람 등 건강생활 관리, 노래 · 말벗 등 정서 관리, 위급 상황 발생 시 응급콜 서비스, 자녀들과의 영상통화 기능을 갖추고 있어서 페퍼나 삼성봇 케어에 비해 상대적으로 저렴한 가격으로 돌봄을 서비스할 수 있다.

로봇 돌봄은 현재로서는 미국 · 프랑스 · 한국 · 일본 등의 국가에서 제한적으로 상용화되고 있지만, 그 적용 영역은 계속 확대될 것으로 보인다. 이런 예상을 뒷받침하는 유력한 근거가 있는데, 그것은 바로 로봇 돌봄이 인간 돌봄과 달리 시공간적으로 거의 제한을 받지 않는다는 점이다. 로봇은 언제 어디서나 돌봄이 필요한 인간에게 돌봄을 제공할 수 있다. 로봇은 한밤중의 돌봄 요청에 대해 감정적으로 반응하지 않으며 장시간, 반복된 대화에도 정서적 반감을 표출하지 않는다. 이런 물리적이고 정신적인 장점 외에도 돌봄로봇은 인간 돌봄과 달리 실시간으로 빅데이터를 활용하여 최적의 돌봄을 제공할 수 있다. 이런 점에서 로봇 돌봄은 인간 돌봄과 비교하면 우월하면서도 비용적으로 경쟁력 있는 돌봄을 제공함으로써 포스트휴먼 시대 삶의 문제에 대한 돌봄을 주도할 것으로 예상된다.

포스트휴먼 시대에 로봇에 의한 돌봄이 확대될 가능성이 크다는 것은, 곧 실존적 문제와 고통을 안고 살아가는 사람들이 인간이 아닌 인공물에게 돌봄을 받게 될 것이라는 점을 함축한다. 사회 구성원이 대부분 포스트휴먼인 사회에서는 로봇 돌봄이 거부감을 일으키지 않을 것이다. 왜냐하면, 앞에서 언급했듯이 포스트휴먼은 인간과 비인간의 근본적 구분을 수용하지 않기 때문에, 포스트휴먼 또는 휴먼이 로봇으로부터 돌봄을 받는 것을 인간이 인간으로부터 돌봄을 받는 것과 같은 봉사로 간주할 것이기 때문이다. 그러나 현인류 중 대다수, 또는 상당수는 포스트휴먼이 아니라 휴먼이라는 점에서 로봇 돌봄은 강한 저항을 받고 있으며, 앞으로도 상당한 기간 그런 상태는 지속될 것이다.

로봇 돌봄에 대해 철학자 대부분은 부정적 태도를 보이고 있다. 예를 들어, 라베P. Raabe는 '인공지능치료사artificial therapist' 개념을 비판하면서, 'care for'와 'care about'을 구분하고 후자만이 진정한 돌봄이라고 주장한다.[13] 메리노프L. Marinoff 역시 인간성에 대한 테크노사회의 폐해를 지적하면서 철학상담의 역할은 그런 폐해를 치료하는 것이라고 주장한다.[14] 철학자들이 로봇 돌봄을 반대하는 주요 이유는 앞에서 논의한 휴머니즘의 원리에 기반을 두고 있다. 로봇 돌봄과 관련된 논쟁의 초점은 로봇이 인간이 아니라는 이유

---

[13] P. Raabe, "The Artificial Therapist(AT-version 1.0): Promises and Problems", *Philosophical Practice and Counseling*, 8, 2018, p. 153.

[14] L. Marinoff, "Humanities Therapy as A Remedy for Detriments of Technosociety", in *The Proceeding of 2019 International Conference on Humanities Therapy in Technosociety* at Nanjing University, 2019.

만으로 로봇이 인간에게 제공하는 돌봄이 인간이 제공하는 돌봄과 근본적으로 차이가 나는 것으로 보아야 하는가에 있다. 만약 그런 차이가 없다면, 로봇 돌봄을 '가짜 돌봄'이라고 주장하는 것은 인간중심주의의 산물일 것이다.

이제 로봇이 제공하는 돌봄이 진정한 돌봄이 아니라 '속임에 의한 돌봄'이라고 주장하는 속임논증을 살펴보기로 하자. 속임논증의 요지는 다음과 같다. 로봇은 공감과 지혜와 같은 인간의 강점에 기반을 둔 인간 삶을 진정으로 이해하지 못하기 때문에, 그것이 제공하는 것은 돌봄이 아니라 피상적으로 돌봄을 받는다고 느끼게 만드는 '가짜 돌봄'이다. 속임논증의 지지자들은[15] 우리가 로봇 돌봄을 진정한 돌봄으로 간주하게 되면, 인간성과 인간관계에 대한 이해가 완전히 변화하는 상황이 전개될 사태를 우려한다. 예를 들어, 샤키와 샤키N. Sharkey and A. Sharkey는 그런 속임은 망상에 의한 것이라고 주장한다.

대부분은, 사람들이 행복하다고 느끼는 이유는 로봇이 갖고 있지 않은 성질을 갖고 있다고 잘못 믿기 때문이다. 이런 믿음은, 사람들이 로봇이 실제로 친절하고 자신을 돌보며 또는 그것을 보는 것이 즐겁다고 주장할 때처럼, 의식적이다. 그 믿음은 또한 로봇의 '행위'에 대한 무의식적이거나 전 의식적 반응을 포함할 수 있다. … 사람들이

15　R. Sparrow and L. Sparrow(2006), N. Sharkey and A. Sharkey(2010), and W. Wallach and C. Allen(2010).

로봇 때문에 산다든가 보살핌을 받는다고 느끼고, 보살핌이라는 혜택을 경험하는 것은 바로 그런 망상으로 인한 것이다[2006, p.155].

스패로우R. Sparrow[2002]는 위의 견해에 동의하면서 로봇 '아이보 AIBO'의 사례를 들어 로봇동물을 설계하고 제작하는 것은 '비윤리적'이라고 주장한다. 이상의 논의로부터 우리는 속임논증을 다음과 같이 구체적 논증으로 재구성할 수 있다.

> 돌봄로봇의 사용자는 실제로 돌봄을 경험할 수 있다.
> 돌봄로봇은 인간을 돌보지 않는다.
> 그러므로, 로봇 돌봄의 본질은 속임이나 망상에 있다.
> 그러므로, 로봇 돌봄은 비윤리적이다.

포스트휴먼적 관점에서 보았을 때 속임논증은 타당하지 않다. 속임논증은 다음과 같은 이유로 부당하다. 첫째, 속임논증은 사용자가 경험하는 돌봄이 진정한 돌봄이 되지 못하는 이유는 돌봄로봇이 사람을 '실제로' 돌보지 않는 데 있다고 주장한다. 왜 그러한가? 이 질문에 대해 속임논증의 지지자들은 다음과 같이 대답할 수 있다.

> 로봇은 인지 능력이 없기 때문이다.
> 로봇은 정서 능력이 없기 때문이다.
> 로봇은 의도가 없기 때문이다.

우리는 위의 목록을 더 확장할 수 있지만, 그것은 우리의 관심사가 아니다. 만약 위의 대답이 타당하다면, 로봇은 무엇을 하는 것인가? 이 두 번째 질문에 대해 속임논증의 지지자들은 그것은 단지 '프로그램된 자동적 움직임'일 뿐이라고 대답할 것이다. 그러나 이런 대답이 "로봇은 인간이 아니다"라는 휴머니즘적 선언에 기반을 두고 있다는 점에서, 속임논증은 근본적으로 휴머니즘에 기반을 두고 있다는 점이 드러난다.

둘째, 속임논증의 지지자들은 돌봄의 진정성을 판단하기 위해 칸트 철학을 활용하여 다음과 같은 논증을 구성할 수 있다.

> 속임 여부는 돌봄 제공자의 동기, 특히 선의지에 의해 결정된다.
> 선의지에 기초한 행위만이 진정한 돌봄이다.
> 그러므로, 로봇에 의해 유발된 돌봄은 진정한 돌봄이 아니라 속임에 의한 돌봄이다.

칸트적 기준은 우리가 특정한 관점에서, 즉 의무론적 윤리학의 입장에서 윤리적으로 선한 행위를 설명하고 판단하는 데 도움이 될 수 있지만, 그것을 돌봄 일반에 적용했을 때 한 가지 심각한 문제가 발생한다. 칸트적 기준에 따르면, 인간에 의한 돌봄 중 일정한 부분이 진정한 돌봄이 아니라 사이비 돌봄으로 분류될 수 있다. 예를 들어, 인간 돌봄자가 선의지가 아니라 단순히 돈을 벌기 위해 돌봄을 제공한 경우, 그런 돌봄은 진정한 돌봄이 될 수 없다.

속임논증을 논리적으로 논박하기 위해서는 로봇 돌봄의 질적 내용이 인간 돌봄과 크게 차이가 나지 않는다거나 거의 동등하다는 것을 보여야 한다. 이와 관련하여 잠시 인공지능의 역사를 되돌아볼 필요가 있다. 인공지능이 처음 등장했을 때 많은 사람이 기계가 생각할 수 있다는 생각에 부정적인 태도를 보였다. 이런 상황에서 나타난 가장 획기적인 사건은 튜링(1950)이 튜링 검사를 통과하는 것은 무엇이든 지능을 갖고 있다고 보아야 한다고 제안한 것이다. 많은 인공지능 연구자들이 튜링 검사를 통과할 수 있는 인공지능을 개발하기 위해 노력해 왔는데, 이는 곧 튜링 검사가 인공지능의 인지 능력을 판가름하는 기준으로 작용하고 있음을 의미한다. 이런 과정이 우리가 논의하는 로봇 돌봄에도 적용될 수 있는가? 도덕적 행위를 할 수 있는 능력은 인지적 능력 외에도 정서적 능력과 의지적 능력도 필요하다는 점을 고려하면 "로봇이 돌봄을 제공할 수 있는가?"라는 질문은 "로봇이 지정의知情意 능력을 갖출 수 있는가?"라는 질문으로 변환된다. "로봇이 생각할 수 있는가?"라는 질문에 대한 대답으로 튜링 검사가 있듯이, "로봇이 지정의 능력을 갖출 수 있는가?"라는 질문에 대한 검사가 있다면, 우리는 그것을 활용하여 속임논증의 타당성을 판가름할 수 있다. 여기서 그런 검사를 자세히 논의할 수 없지만 '도덕적 튜링 검사moral Turing test'라는 이름으로 이미 상당한 연구가 진행되고 있다는 점에 주목할 필요가 있다.[16]

  셋째, 속임논증은 로봇 돌봄의 본질이 속임이나 망상에 기인한

---

16 C. Allen, G. Varner, and J. Zinser, "Prolegomena to any future artificial moral agent",

다고 주장한다. 그렇다면 그 속임은 어디에서 유래하는가? 즉, 누구에 의한 속임인가? 여기에 세 가지 가능성이 있다. ① 로봇 제작자의 의도: 속임논증의 지지자들도 인정하듯이, 로봇은 내적 상태를 갖고 있지 않으므로 속일 의도를 갖는다고 볼 수 없다. 다시 말하면 속임은 로봇이 의도한 것은 아니다. 로봇 제작자는 로봇 사용자가 로봇과 정서적 유대 관계를 갖도록 의도할 수 있지만 그런 의도가 반드시 속이려는 의도로 이해될 필요는 없다. 로봇 제작자는 노약자를 돕기 위해 선의지를 갖고 로봇을 제작할 수도 있다. ② 로봇 제작자가 아닌 다른 사람의 의도: 로봇 사용자가 자신이 속을 것이라는 점을 전혀 알지 못했거나 그런 결과를 원하지 않았는데도 누군가, 예를 들어 가족이나 의사가 돌봄로봇을 본인의 동의 없이 사용했다면 윤리적 문제가 발생한다. 그러나 내가 지지하는 로봇 돌봄은 이런 종류의 로봇 돌봄이 아니므로 그것은 우리의 논의 대상이 아니다. ③ 로봇 사용자의 의도: 로봇 사용자가 어떤 이유로, 예를 들어 고독을 견디지 못해서거나 정서적 유대감을 얻기 위해 자발적으로 돌봄로봇을 선택했다면, 그로 인한 속임은 로봇 사용자로부터 유래한다고 보아야 한다. 이런 속임을 자발적 속임voluntary deception이라고 하자. 누구도 자발적 속임을 윤리적으

Journal of Experimental & Theoretical Artificial Intelligence, 12(3), 2000; A. Gerdes and P. Øhrstrøm, "Issues in Robot Ethics seen through the Lens of a Moral Turing Test", *Journal of Information, Communication and Ethics in Society*, 13(2), 2015; D. Luxton, "Ethical Issues and Artificial Intelligence Technologies in Behavioral and Mental Health Care", in *Artificial Intelligence in Behavioral and Mental Health Care*, New York: Academic Pres, 2016 참조.

로 비난할 수는 없다. 인간 사용자가 돌봄 제공자가 로봇이라는 것을 알고 있고, 로봇 돌봄에 의해 돌봄 느낌을 경험할 수 있음을 알고 있지만, 바로 그 점 때문에 돌봄로봇을 사용하는 것에 동의한 경우, 그로 인한 돌봄 경험은 '가짜' 돌봄이 아니라 '진정한' 돌봄으로 보아야 한다. 여기서 한 가지 덧붙여야 할 것은 우리의 삶은 자발적 속임으로 가득 차 있으며, 자발적 속임은 인간의 사회적 삶에서 필수 불가결한 요소라는 점이다. 우리의 삶에서 '선의의 거짓말 white lie'에 의한 속임을 거부한다면 인간관계는 황폐해지고 삶은 무미건조하게 될 것이다.

체화된 돌봄

우리는 앞에서 로봇 돌봄이 속임에 의한 것이라고 주장하는 속임 논증의 문제점을 살펴보았다. 그러나 로봇 돌봄의 가능성을 주장하기 위해서는 그런 소극적 방어를 넘어 로봇 돌봄을 정당화하는 적극적 주장이 필요하다. 이를 위해 나는 여기서 체화된 마음 이론의 관점에서 그 작업을 수행하고자 한다. 우선 체화된 마음 이론이 무엇인지 간단히 살펴보고, 그것을 기반으로 돌봄의 체화적 성격을 고려해 보기로 하자.

1990년대 이후로 인지과학에서는 기호주의symbolism와 연결주의connectionism, 두뇌중심주의적 신경과학의 한계를 극복하고 마음과 인지에 대한 올바른 이해를 가능케 해 주는 연구 프로그램이 부상하고 있다. 기호주의와 연결주의, 신경과학의 뒤를 이을 것으로 기대되는 연구 프로그램은 체화된 인지 이론이다. 현재 '체화된 인지 이론'이라는 명칭 아래 포섭되는 다양한 이론들은 공통으로 기호주의와 연결주의가 공유하는 견해, 즉 인지가 몸이나 환경과는 (거의) 무관하게 작용하거나 아니면 전적으로 두뇌 내부에서 작용한다는 주장을 강력히 반대한다. 체화된 인지 연구 프로그램을 구성하는 주요 이론으로는 확장 인지extended cognition, 행화 인지enactive cognition, 내장 인지embedded cognition, 분산 인지distributed cognition, 상황 인지situated cognition, 역동적 이론dynamic theory 등이 있다.

이런 다양한 초점 때문에 인지과학의 연구 프로그램으로서 체화된 인지 연구 프로그램의 견고한 핵은 무엇인가라는 질문이 제기된다. 이 질문과 관련하여 우리는 체화주의 이론가들로부터 다음과 같은 대답을 얻을 수 있다.

① 이성의 자율성을 당연시하는 서구의 전통 사상은 잘못이다. 이성은 지각, 운동, 정서, 기타 몸의 능력으로부터 독립적이지 않다는 점에서 근본적으로 체화되어 있다(G.Lakoff and M.Johnson,1999,p.17).

② 체화 이론을 규정하는 공통된 특징은 다음과 같다. 첫째, 우리는 몸과 세계의 역할에 주목함으로써 종종 생물학적 인지에 대한 문제와 그것의 해결에 대한 우리의 생각을 변경할 수 있다. 둘째, 몸, 뇌, 세계의 복잡하고도 시간상으로 풍부한 상호작용을 이해하기 위해서는 창발적·비중앙처리적·자기조직적 현상을 연구하는 데

적합한 새로운 개념, 도구, 방법이 필요하다[A.Clark,1999.p.506].

체화된 인지 이론은 인지가 몸과 분리될 수 없으며 그런 점에서 몸과 분리되어 설명될 수 없다는 점을 강조한다. 우리는 다음과 같이 체화된 인지 이론의 견고한 핵을 존재론, 의미론, 인식론, 방법론의 차원에서 징리할 수 있다.[17]

· 존재론적 핵: 인지는 몸의 구조와 능력에 의존하여 세계에서 펼쳐지는 활동이다.
· 의미론적 핵: 인지는 몸을 통한 세계와의 접촉 과정에서 의미를 생성한다.
· 인식론적 핵: 인지는 몸의 구조와 기능과 독립적으로 이해되거나 설명될 수 없다.
· 방법론적 핵: 인지를 설명하기 위해서는 몸의 구조와 기능을 반영해야 한다.

인지주의cognitivism에 따르면, 인지는 표상에 대한 계산이지만, 체화된 인지 이론에 따르면 인지는 생명을 가진 유기체와 환경 간 상호작용이다. 우리는 여기서 체화된 인지 이론 중 특히 행화적 인지에 초점을 둔 행화주의enactivism를 중심으로 체화적 돌봄을

17　체화된 인지 이론에 속하는 여러 가지 이론들의 관계에 대한 국내 논의는 이영의, 〈체화된 인지의 개념 지도: 두뇌의 경계를 넘어서〉, 《Trans-Humanities》 8, 2015 참조.

검토하기로 한다. 행화주의는 인지주의가 강조하는 '표상'과 '계산'에 반대하고 인지를 체화된 행위embodied action로 볼 것을 주장한다. 인지에 대한 이런 새로운 이해는 아래 인용문에서 잘 나타난다.

> **체화된 마음**이라는 용어를 사용하여 우리는 두 가지를 강조한다. 첫째, 인지는 다양한 감각운동 능력을 지닌 몸의 소유로부터 유래하는 경험의 종류에 의존한다. 둘째, 이러한 개별 감각운동 능력은 그 자체로 더욱더 포괄적인 생물학적, 심리학적, 문화적 맥락에 내장되어 있다. **행위**라는 용어를 사용하여 우리는 다시 감각적이고 운동적인 과정들, 지각과 행위가 근본적으로 살아 있는 인지와 분리할 수 없다는 점을 강조한다. 실로, 그 두 가지는 개체들 안에서 단지 우연으로 결합된 것이 아니라 상호 진화해 왔다(F. Varela, E. Thompson, and E. Rosch, 1991, pp. 172-173, 원저자 강조).

체화된 인지 이론의 관점에서 보았을 때 돌봄은 인간의 다른 행위와 마찬가지로 '체화된 행위'이다. 최근 미첨과 스터들리D. Meacham and M. Studley는 행화주의의 관점에서 돌봄에 접근할 것을 주장하는 '환경 가설environmental hypothesis'을 제안했다.

> 돌봄 관계의 핵심은 거기에 참여하는 행위자의 내적 상태가 아니라 표현적 움직임으로 구성되는 의미 있는 맥락이다. 그것은 돌봄 환경으로 적절한 맥락에서 돌봄이 필요한 사람에게 세심함과 반응을

표현하는 몸짓, 움직임, 말로 구성된다. … 의미는 움직임 안에 있으며, 움직임이 의미가 부여되는 행동 맥락에 미치는 현저한 차이 안에 있다(2017, p.98).

위의 인용문에서 분명히 나타나듯이, 돌봄의 진정성을 판가름하는 데 있어서 중요한 것은 선의지와 의도와 같은 내적 상태가 아니라 돌봄이 행해지는 맥락이나 환경이다. 이런 점에서 미첨과 스터들리는 환경 가설을 다음과 같이 정당화한다. ① 내적이고 정서적 상태는 인간-인간 간에서도 접근 불가능하다. ② 돌봄의 환경과 관계는 인간-인간 간 가능하다. 우리는 그것을 경험 때문에 잘 알고 있다. 그리고 돌봄은 인간-비인간 동물 간에도 가능하다. ③ 그렇다면 인간-돌봄로봇 간 호혜적 관계에서 돌봄 환경의 성립 가능성을 배제할 어떤 이유도 없다.[18]

환경 가설의 관점에서 보았을 때 속임논증이 부당하다는 점이 드러난다. 왜냐하면, 진정으로 로봇 사용자가 돌봄을 경험했다면, 자신의 환경을 돌봄 환경으로 경험하고 그 경험이 지속적이고 일관적이면, 돌봄이 실제가 아니라거나 자신이 속고 있다고 볼 이유가 없기 때문이다. "돌봄로봇과 인간으로 구성되는 잠재적 돌봄 환경에서 속임은 발생하지 않는다. 비록 로봇이 의미 구조를 반성적으로 자각하지 못한다고 하더라도, 돌봄의 느낌과 관계는 실제

18 D. Meacham and M. Studley, "Could a Robot Care? It's All in the Movement", in *Robot Ethics 2.0*, Oxford, 2017, p. 102.

적이다."[19] 그리고 이런 결론은 앞에서 제시된 속임논증에 대한 나의 비판과도 일치한다.[20]

로봇 돌봄을 지지하는 환경 가설이 근본적으로 옳다고 하더라도 내용상 반드시 보완되어야 할 부분이 있다. 그중에서도 가장 중요한 것은 '의미 있는 맥락'의 구성 요소에 해당하는 형태, 움직임, 언어 등을 범주화하고 그것들의 관계와 우선순위를 설명하는 것이다. 형태, 움직임, 언어 중 돌봄 환경에서 가장 우선시되어야 할 것은 무엇인가? 이 문제는 로봇공학의 문제이다. 예를 들어, 우리는 모리M. Mori(1970)의 '불쾌한 골짜기 가설Uncanny valley hypothesis'을 통해 로봇의 형태에 관한 한 가지 통찰을 얻을 수 있다. 불쾌한 골짜기 가설에 따르면, 로봇에 대한 인간의 친밀도는 특정 지점까지는 인간과의 유사성에 비례하여 증가하지만, 거기에 이르면 급격하게 하락하다가 다시 급격히 상승한다. 돌봄로봇을 지지하는 데 있어서 중요한 점은 모리 가설의 타당성이 아니라, 모리 가설과 같이 소셜로봇을 개발하는 데 있어서 반드시 점검해야 할 요소가 무엇인지를 알아내는 것이다. 그리고 로봇의 형태와 마찬가지로 로봇의 움직임이나 언어에 대해서도 모리 가설과 같은 이론들이 필요하다.

19　D. Meacham and M. Studley, "Could a Robot Care? It's All in the Movement", pp. 107-108.

20　로봇 돌봄을 지지하는 최근 논의는 M. Coeckelbergh, "How to Describe and Evaluate 'Deception' Phenomena: Recasting the Metaphysics, Ethics, and Politics of ICTs in terms of Magic and Performance and Taking a Relational and Narrative Turn", *Ethics and Information Technology*, 20, 2018, pp. 71-85; J. Danaher, "Robot Betrayal: A Guide to the Ethics of Robotic Deception", *Ethics and Information Technology*, 22, 2020, pp. 117-128 참조.

맺는말

지금까지 포스트휴먼 시대를 중심으로 로봇 돌봄의 필요성과 정당성을 살펴보았다. 논의를 통해 포스트휴먼 시대의 특성상 로봇 돌봄이 필요하다는 점이 드러났다. 로봇 돌봄의 정당성은 한편으로 로봇 돌봄에 대한 강력한 비판으로서 휴머니즘에 기반을 둔 속임논증에 대한 비판을 통해서, 그리고 다른 한편으로 로봇 돌봄을 지지하는 주장으로서 체화된 인지 이론에 기반을 둔 환경 가설을 통해 확보되었다.

마지막으로 다시 결정 문제로 돌아가 보자. 결정 문제는 다음과 같다. "당신의 부모와 조부모가 로봇 돌봄을 받도록 하겠습니까, 아니면 아예 돌보지 않겠습니까?", "우리 사회의 고령자를 외롭고 지루하게 살도록 하겠습니까, 아니면 그들이 돌봄로봇과 함께 살도록 하겠습니까?" 휴먼인 우리에게 이 질문은 쉽게 대답하기 어려운 문제임에 틀림없지만, 터클이 제시한 것처럼 양자택일의 문제가 아니라는 점은 분명하다.

나는 로봇 돌봄이 인간 돌봄과 양립 불가능한 것은 아니라는 점을 속임논증에 대한 비판과 환경 가설에 관한 논의를 통해 주장했다. 인간 돌봄과 로봇 돌봄은 변증법적으로 적절한 관계를 맺는다면 인간을 돌보는 데 있어 더 나은 결과를 낳을 수 있다. 조만간 신체적 차원뿐만 아니라 인지적 · 정서적 차원에서 돌봄을 제공하는 로봇이 일상인의 삶으로 들어올 것으로 예상된다. 이제 인간중심적 휴머니즘에 사로잡혀 처음부터 로봇 돌봄의 가능성을 거부하는 태도를 버리고, 그 적용을 신중히 고려하면서 로봇을 설계하는 작업을 진행할 때가 되었다.

참고문헌

이영의, 〈체화된 인지의 개념 지도: 두뇌의 경계를 넘어서〉, 《Trans-Humanities》 8, 2015, 101~139쪽.

이영의, 〈섹스로봇의 윤리〉, 《인공지능의 윤리학》, 한울아카데미, 2019, 61~97쪽.

이영의, "Robot Care in the Posthuman Age", in *The Proceeding of 2019 International Conference on Humanities Therapy in Technosociety* at Nanjing University, 2019.

이영의, 〈인간에서 초인간으로? 기계가 된 인간〉, 《포스트휴먼이 몰려온다》, 아카넷, 2020, 31~56쪽.

Allen, C., Varner, G., and Zinser, J., "Prolegomena to any future artificial moral agent", *Journal of Experimental & Theoretical Artificial Intelligence*, 12(3), 2000, pp. 251-261.

Bostrom, N., *Superintelligence: Paths, Dangers, Strategies*, Oxford, 2014.

Bryk, W., "Artificial Superintelligence: The Coming Revolution", *Harvard Science Review*, 29(1), 2015, pp. 40-42.

Capek, K., *R.U.R.*, http://preprints.readingroo.ms/RUR/rur.pdf, 1920.

Clark, A., "Embodied, Situated, and Distributed Cognition", in W. Bechtel and G. Graham eds., *A Companion to Cognitive Science*, Oxford, 1999, pp. 506-517.

Coeckelbergh, M., "How to Describe and Evaluate 'Deception' Phenomena: Recasting the Metaphysics, Ethics, and Politics of ICTs in terms of Magic and Performance and Taking a Relational and Narrative Turn", *Ethics and Information Technology*, 20, 2018, pp. 71-85.

Danaher, J., "Robot Betrayal: A Guide to the Ethics of Robotic Deception", *Ethics and Information Technology*, 22, 2020, pp. 117-128.

Darling, K., "Extending Legal Protection to Social Robots", *IEEE Spectrum*, Sep 11, 2012.

Gerdes, A. and Øhrstrøm, P., "Issues in Robot Ethics seen through the Lens of a Moral Turing Test", *Journal of Information, Communication and Ethics in Society*, 13(2), 2015, pp. 98-109.

Harari, Y., *Homo Deus: A Brief History of Humankind*, London, 2015.

Hayles, K., *How We Became Posthuman*, Chicago, 1999.

Lakoff, G. and Johnson, M., *Philosophy in the Flesh: the Embodied Mind and Its Challenge to Western Thought*, Oxford, 1999.

Luxton, D., "Ethical Issues and Artificial Intelligence Technologies in Behavioral and Mental Health Care", in *Artificial Intelligence in Behavioral and Mental Health Care*, New York: Academic Press, 2016, pp. 255-276.

Marioff, L., "Humanities Therapy as A Remedy for Detriments of Technosociety", in *The Proceeding of 2019 International Conference on Humanities Therapy in Technosociety* at Nanjing University, 2019.

Meacham, D. and Studley, M., "Could a Robot Care? It's All in the Movement", in P. Lin et. eds., *Robot Ethics 2.0*, Oxford, 2017.

Mori, M., "The Uncanny Valley", *Energy*, 7, 1970, pp. 33-35.

Raabe, P., "The Artificial Therapist(AT - version 1.0): Promises and Problems", *Philosophical Practice and Counseling*, 8, 2018, pp. 139-210.

Sharkey, N. and Sharkey, A., "Living with Robots: Ethical Tradeoffs in Eldercare", in *Close Engagements with Artificial Companions*, Amsterdam, The Netherlands:, 2010, pp. 245-256.

_____, "We Need to Talk about Deception in Social Robotics!", *Ethics and Information Technology*, 23(3), 2021, pp. 309-316.

Sparrow, R., "The March of the Robot Dogs", *Ethics and Information Technology*, 4(4), 2002, pp. 305-418.

Sparrow, R., and Sparrow, L., "In the Hands of Machines? The Future of Aged Care", *Minds and Machines*, 16(2), 2006, pp. 141-161.

Turing, A., "Computing Machinery and Intelligence", *Mind*, 59, 1950, pp. 433-60.

Turkle, S., *Alone Together*, New York, 2011.

Varela, F., Thompson, E., and Rosch, E., *The Embodied Mind*, Cambridge, MA, 1991.

Wagenmakers, R., "Scoial Robots", *KPMG Advisory N.V.*, Arnhem, 2016.

Weizenbaum, J., *Computer Power and Human Reason: From Judgment to Calculation*, San Francisco, 1976.

제3장

인류세의 새로운 사물(物)과 쓰레기의 이치(理)

| 김 재 경 |

이 글은 《유교사상문화연구》 제90집(2022)에 게재된 원고를 수정 및 보완한 것이다.

인류가 자초한 봉쇄

인류세Anthropocene[1]라는 새로운 용어는 21세기의 산물이다. 사물이라는 개념 역시 시대의 요구를 반영하여 원래의 자의에서 새로운 의미를 끌어내고 확장해 가고 있는 시대적 산물이다. 사물 개념은 어원의 연속성을 담보하면서도 시대적 상황과 맥락에 의해 의미의 도약과 단절을 겪는 중이다. 대기 중 이산화탄소, 플라스틱, 콘크리트, 방사성 물질, 쓰레기 등은 인류세를 대표하는 물질이자 사물이다. 이러한 새로운 사물들은 이미 현대인에게 익숙하지만, 성리학 전통의 물物 개념으로 포섭하기에는 어려운 과제이다. 만약 포섭할 수 없다면, 새로운 사물들의 정의 속에 물物이라는 성리학적 관념이 수용될 수 있을까? 이 글은 이러한 과제와 의문에 대한 실마리를 붙잡고 쓰레기의 리理를 찾아 나선 작은 탐사이다.

지구상의 모든 사람이 "매주 자기 몸무게만큼의 인공물이 생겨나는 것을 목격"한다면 어떤 생각이 들까? 최근 《네이처》에 실린 한 연구의 추정에 의하면, 인류가 지구에서 인공적으로 만들어 낸 사물의 총 질량이 지구 위에 존재하는 생물의 총 질량을 넘어섰다고 한다.[2] 한쪽에서는 새로운 인공물이 이렇게 날마다 만들어지는

---

[1] 이 글에서는 인류세의 유학적 의미가 어떤 것인지에 대한 논의는 생략한다. 이 글은 〈인류세 논의의 '유학적' 의미〉라는 연구의 후속 작업이기 때문이다.

[2] 전치형, 〈[전치형의 과학 언저리] 콘크리트 앞에서〉, 《한겨레》 2021년 1월 13일자. https://www.hani.co.kr/arti/opinion/column/975791.html (검색 2022. 12. 10.)

반면, 한쪽에서는 그 인공물들이 날마다 폐기 처분되고 있다. 2020년 인도의 한 연구에 따르면, "인도 전역에 3,159개의 쓰레기 산이 있고, 그곳에 쌓인 쓰레기의 양은 8억 톤"가량이며, 어떤 쓰레기 산은 높이가 65미터를 넘어섰다고 한다.[3]

　인류가 순간순간 쏟아 내는 천문학적인 양의 인공 폐기 물질 내지 사물은 지구온난화를 초래하였고, 그 결과 인류는 기후위기에 처해 있다. "너희는 온도 상승을 2도 아래로 유지하라. 그러지 않으면 죽을 것이다!"[4] 인류는 현재 인류 자신의 무의식적이고 무책임한, 반복적이고 누적적인 행동에 즉각적으로 반응하는 지구라는 좁은 공간에 '락다운lockdown'[5]되어 있다.[6] 이 글은 먼저 이러한 봉쇄를 자초한 인류가 만들어 낸 인공사물의 현황, 그리고 버려진 인공사물 쓰레기의 변신을 살펴본다. 이어서 지구를 거대사물hyperobject로 부르는 근거, 자신의 행위능력에 따라 인류 앞에 행위자로 전면 등장한 거대사물 지구의 면모를 선행 연구의 자취를 따라 살펴본 뒤, 폐기 처분된 인공사물 쓰레기의 리를 성리학적 사유에 근거하여 시험적으로 추출한다.

3　김영현, 〈3천 곳에 산처럼 쌓인 쓰레기 8억t…골머리 앓는 인도 정부〉, 《연합뉴스》 2021년 10월 18일자. https://www.yna.co.kr/view/AKR20211018125200077 (검색 2022. 12. 12.)

4　브뤼노 라투르, 《지구와 충돌하지 않고 착륙하는 방법》, 박범순 옮김, 이음, 2021, 11쪽.

5　영국 콜린스 영영사전은 2020년 11월 10일에 그해의 단어로 '락다운lockdown'(봉쇄)을 꼽았다. 이병준, 〈英 콜린스사전, 올해의 단어로 '락다운' 선정…"원래는 감옥 용어"〉, 《중앙일보》 2020년 11월 10일자. https://www.joongang.co.kr/article/23917103#home (검색 2022. 11. 17)

6　브뤼노 라투르, 《지구와 충돌하지 않고 착륙하는 방법》, 11쪽.

새로운 사물의 등장

인공사물의 시대 쓰레기의 변신

현대는 인공사물의 시대이다. 인간은 콘크리트와 플라스틱 등 현대 문명을 주도하는 소재들로 날마다 새로운 사물들을 만들어 내고, 낡아서 효용가치가 떨어진 그 사물들을 날마다 내다 버리고 있다. 버려진 쓰레기는 하루가 다르게 새로운 지층을 형성해 가고 있다. 우리가 매일 먹는 음식의 포장재, 입는 옷과 살고 있는 집, 손에 들고 있는 물건 등 어느 것 하나 인공물이 아닌 것이 없다. 21세기에 살고 있는 인간의 의·식·주는 인공사물이 없으면 불가능하다.

최근 《네이처》에 게재된 한 연구 결과에 의하면, "도로, 집, 쇼핑몰, 고기잡이 배, 프린터 종이, 커피 잔, 스마트폰 그리고 기타 여러 가지 일상생활을 받쳐 주는 모든 기반 시설들의 무게를 모두 합하면 약 1조 1천억 톤"이나 된다. 이 수치는 "지구상에 살고 있는 식물, 동물, 균류와 박테리아, 고세균류와 원생동물들의 무게(수분 제외)를 합한 것"과 똑같다. "매주 생산되는 새로운 인공물의 양은 77억 세계 인구의 (평균)몸무게의 합"과 같다. 인공물의 "절반은 콘크리트, 나머지 절반의 대부분은 자갈 같은 골재이다. 전체 인공물 중 19퍼센트는 벽돌, 아스팔트, 금속, 플라스틱 같은 물질들"이다. "세계의 플라스틱 무게를 모두 합하면 지구상의 물 생태계와 육지 생태계 동물들 전체를 합한 무게의 2배"나 된다. 지금과 같은 추세가 지속된다고 가정할 때 "2040년이 되면 인공물

의 무게는 3배로 증가"할 것으로 보인다.[7]

그리고 새로 만들어지는 인공물은 필연적으로 폐기물이 될 수밖에 없다. 프리돌린 카우스만은 "지난 110년 동안 만들어 냈던 쓰레기 전체에 맞먹는 양의 쓰레기를 향후 20년 동안 만들어 내게 될 것"이라면서 "이제 마주할 것은 엄청난 쓰레기의 파도"이며, 이대로 가면 "생명의 끝end-of-life"에 다다를 것이라고 경고한다.[8] 우리나라 전체 가정에서 2019년에 배출한 생활폐기물 발생량은 하루 약 4만 5,912톤이다. 날마다 1톤 트럭 4만 5천 대 분량의 쓰레기가 생산된 것이다. 이것을 1인당 평균 발생량으로 계산하면 하루 0.86킬로그램, 10일에 8.6킬로그램 꼴이다. 한편 전국에서 하루에 배출되는 폐합성수지류(비닐류, 발포수지류, PET병 포함) 폐기물은 2,604.3톤으로 하루 총 발생량(4만 5,912톤)의 5.67퍼센트를 차지한다. 이 데이터는 사업장에서 발생하는 생활계 폐기물은 제외한 수치이다.[9] 또 2016년 〈전국 연안 해양쓰레기 일제조사 결과 보고〉에 따르면, 플라스틱(56.5퍼센트)과 스티로폼(14.4퍼센트)이 해양쓰레기의 70.9퍼센트를 차지한다.[10] 해양쓰레기는 '인간이

7   Stephanie Pappas, "Human-Made Stuff Now Outweighs All Life on Earth", *Scientific American*, 2020. 12. 9. (황승미 번역·요약, 〈인류가 만들어낸 무게〉, 《녹색아카데미》 2020년 12월 11일. https://greenacademy.re.kr/archives/8873 (검색 2022.12.11.)에서 재인용.)

8   Stephanie Pappas, "Human-Made Stuff Now Outweighs All Life on Earth"(황승미 번역·요약, 〈인류가 만들어낸 무게〉에서 재인용.)

9   서치스(주), 〈데이터로 보는 생활폐기물 현황〉, 《통합데이터지도》. https://www.bigdata-map.kr/datastory/env/household-waste (검색 2022.12.12.)

10 민형기, 〈국내 해양쓰레기 현황 및 해양쓰레기 관련 정부 정책〉, 《(사)한국환경교육학회 발표논문집》, 2019, 180쪽.

제조·가공한 것으로 바다에 버려진 모든 고형 물질'[11]을 말하는데, 해양수산부에 따르면 우리나라의 연간 해양폐기물은 14만 5천 톤에 달한다. 이 가운데 65퍼센트 가량인 9만 5천 톤이 육지에서 버려져 바다로 흘러드는 폐기물이다.[12]

MBC 보도에 의하면, 네덜란드의 비영리 환경단체 '오션클린업'이 북태평양의 플라스틱 고농도 밀집 해역을 분석한 결과, 일본과 중국에 이어 우리나라가 배출 순위 3위였다. 플라스틱 성분의 80퍼센트는 어민들이 쓰고 버린 폐그물과 부표였다. 또한 미국 연구진이 2017년 6월부터 2018년 5월까지 1년간 바다의 미세플라스틱을 인공위성으로 추적 관찰한 결과 6월에는 북태평양의 미세플라스틱 농도가 최고치를 기록하고, 9월에서 10월로 접어들면서 인도양과 남태평양·남대서양의 플라스틱 농도가 최고치를 기록하였다. OECD 플라스틱 보고서는 2019년 전 세계가 사용한 플라스틱 총량이 4억 6천만 톤이라고 전한다. 이런 소비 추세라면 2060년에는 12억 3천만 톤의 플라스틱이 사용되고, 바다로 흘러든 플라스틱의 무게가 물고기보다 더 나갈 것이란 어두운 전망도 있다.[13]

인류가 만들어 낸 새로운 인공사물은 일정 시간이 지나면 폐기되는데, 그 버려진 쓰레기는 새로운 사물의 형태를 띠고 세상에 그 모

---

[11] 민형기, 〈국내 해양쓰레기 현황 및 해양쓰레기 관련 정부 정책〉, 176쪽.

[12] 현인아, 〈뉴스투데이 – [기후환경 리포트] 태평양 쓰레기섬에서 발견한 것…한국이 세계 3위, 1위는?〉, 《MBC뉴스》 2022년 12월 12일. https://imnews.imbc.com/replay/2022/nwtoday/article/6435371_35752.html (검색 2022.12.12.)

[13] 현인아, 〈뉴스투데이 – [기후환경 리포트] 태평양 쓰레기섬에서 발견한 것…한국이 세계 3위, 1위는?〉.

인류세의 새로운 사물(物)과 쓰레기의 이치(理) |

습을 드러낸다. 대표적인 것이 플라스티글로머레이트plastiglomerate
라는 신종 암석이다. 이 새로운 물질/사물은 바다로 흘러든 "형광
등, 밧줄, 낚싯줄, 나뭇조각, 스티로폼, 플라스틱으로 피복된 전선
등이 모래와 바위 혹은 흙과 돌멩이 그리고 전복 껍질과 같은 자
연의 물질과 뒤섞여" 퇴적된 것이다. 플라스티글로머레이트는 "자
연사물이 중심이 되어 그 표면과 내부에 각종 플라스틱이 달라붙
기도 하고, 플라스틱 덩어리를 중심으로 그 주변에 흙과 모래가
들러붙기도 한다."[14] 플라스틱과 주변의 자연 퇴적물이 뒤엉켜 만
들어진 플라스티글로머레이트는 시간이 흐를수록 그 밀도가 계속
해서 증가할 것이다.[15]

그렇다면 이러한 플라스틱 쓰레기로 뒤덮인 바다의 쓰레기섬
에서 생물이 진화한다면 어떤 생명체가 생겨날까? 이러한 질문에
작가이자 유기적 생물화학 연구자인 피나르 욜다스Pinar Yoldas는
〈과잉의 생태계An Ecosystem of Excess〉(2014) 프로젝트로 답한다. 여
기에 소개된 스토막시무스Stomaximus라는 작품은 "각각의 뇌실
ventricle腦室에 플라스틱을 소화할 수 있도록 특화된 박테리아"가
있다. 이 작품은 "미래의 생명체, 즉 더 이상 자연이 아닌 자연으
로서의 포스트네이처"를 상징적으로 보여 준다.[16] 더 이상 쓸모가

---

14 백승한, 〈플라스틱 어버니즘: 인류세, 어셈블리지, 그리고 도시〉, 《미학예술학연구》 제
    63집, 2021, 8쪽.

15 전준범, 〈1000년 뒤엔 '플라스틱 돌멩이'가 지질학 증거?〉, 《동아사이언스》 2014년 6월
    15일. https://www.dongascience.com/news.php?idx=4646 (검색 2022. 12. 12.)

16 전혜숙, 〈인류세의 관점에서 본 생태 미술의 특징〉, 《현대미술사연구》 제49집, 2021,
    165~166쪽.

없어서 버려진 플라스틱 쓰레기들 속에서 새로운 생명체 탄생 가능성을 암시하고 있다.

인간이 만들어 낸 인공사물은 먼 미래에 화석으로 남을 가능성 역시 크다. 얀 잘라시에비츠Jan Zalasiewicz와 그 동료들은 〈인간의 기술화석 기록The Technofossil Record of Humans〉(2014)이라는 논문에서 처음으로 "기술화석technofossil"이라는 용어를 사용하였다. 공룡 발자국과 맞먹는 인간의 물질적 자취인 기술화석은 콘크리트와 플라스틱과 같은 물질들로 이루어진 고속도로, 스마트폰, 도시, 컴퓨터 등의 형태를 취한다.[17]

우리가 현재 누리고 있는 일상의 문화는 디지털로 상징되는 미디어 기기 없이 존재할 수 없다. 스마트폰 등 첨단 전자기기의 생산에는 금·은 같은 귀금속, 희토류·인듐 등의 희소 광물을 비롯한 다양한 광물 자원이 필요하다. 유시 파리카Jussi Parikka는 《미디어의 지질학Geology of Media》에서 이러한 현상을 다음과 같이 분석한다. 디지털 미디어 핵심 부품의 원재료인 광물의 점유는 자본주의에 기반을 둔 첨단 기술을 가능하게 한다. 하루가 다르게 쏟아지는 신제품은 "계획적인 구식화 전략"에 의해 끊임없이 생산-폐기의 과정을 거친다. 인류는 지구의 "심원한 시간deep time"에 걸쳐 만들어진 광물을 "외설"적일 만큼 "경쟁적으로 채굴·정제·사

17 Shanique Roberts, "Technofossils: Our Future Ancient Society", *Lectorate Design*, https://www.kabk.nl/en/lectorates/design/technofossils-our-future-ancient-society (검색 2022.12.12.); 김지성·남욱현·임현수, 〈인류세(Anthropocene)의 시점과 의미〉, 《지질학회지》 제52권 제2호, 2016, 167쪽.

용·폐기하는 과정에서 새로운 인공 지층을 형성"하고 있다. 프랑스의 그레고리 샤통스키Gregory Chatonsky는 2013년 타이페이에서 인류 멸종 이후에도 남아 있을 미디어 화석을 텔로파슬Telofossils 이라는 이름으로 연출·전시하였다. "우리와 동시대의 미디어는 미래의 외계 지성체가 지구에 오기 전부터 그들의 인식 바깥에 존재하는 사변적 객체로서의 화석, 즉 텔로파슬이다."[18] 세계보건기구WHO에 의하면, 2019년 전 세계에서 배출된 전자 폐기물은 약 5,360만 톤이며, 2030년에는 7,470만 톤으로 증가하리라 예상된다.[19] 이렇게 해마다 천문학적으로 폐기 처분되는 디지털 미디어 기기를 비롯한 전자 쓰레기들은 미래의 화석으로 남게 될 것이다.

거대사물 지구earth

캐롤린 머천트Carolyn Merchant는《자연의 죽음The Death of Nature》에서 자연을 바라보는 시각이 16세기에서 17세기에 완전히 바뀌는 과정을 추적하고 있다. 서구에서 16세기 이전까지 자연은 "유

---

18 심효원, 〈인류세와 21세기 간학제적 접근론: 차크라바르티, 파리카, 해러웨이를 중심으로〉,《비교문학》제80집, 2020, 248~253쪽. 심효원은 유시 파리카가 인류와 자본이 지구 광물을 착취하는 과정을 비판하기 위해 사용한 인류 외설Anthropobscene이라는 용어를 소개하고 있다.

19 김윤주, 〈선진국이 수출한 전자폐기물, 저소득 국가 어린이 암 유발〉,《한겨레》2022년 7월 25일자. https://www.hani.co.kr/arti/society/environment/1052255.html (검색 2022.12.13.)

기적이고 살아 있는 세계이자 양육하는 어머니"로 인식되었다. 그런데 17세기 과학혁명 이후 등장한 기계론적 세계관이 "물질을 불활성의 죽은 존재로 인식"하면서 자연은 수탈의 대상으로 전락한다.[20] 하지만, 그 이전까지는 "상업적 채굴의 필요성에도 불구하고 쉽게 어머니를 살해하거나, 금을 얻기 위해 내장을 파헤치거나 훼손하지는 않았다."[21] 이는 마치 우리의 역사에서 자연을 살아 있는 것으로 여겨 도로 건설을 위해 함부로 산을 깎지 않던 세계관과 흡사하다.

이러한 자연관은 약 4백 년이 지난 뒤 1970년대에 부활한다. 제임스 러브록James Lovelock은 《가이아Gaia: A New Look at Life on Earth》(1979)에서 대지의 여신 가이아Gaia를 소환하여 지구를 살아 있는 가이아로 보아야 한다는 가설을 제시하였다. 그는 가이아를 "지구의 생물권biosphere, 대기권atmosphere, 대양ocean, 그리고 토양soil까지를 포함하는 하나의 복합적인 실체complex entity"로 정의한다. 가이아는 "지구상의 모든 생물들을 위하여 스스로 적당한 물리·화학적 환경을 조성할 수 있도록 피드백 장치나 사이버네틱 시스템을 구성하고 있는 거대한 총합체"라는 것이다. 그래서 가이아는 스스로 "능동적 조절"을 하면서 "비교적 균일한 상태의

---

20 캐럴린 머천트, 《인류세의 인문학》, 우석영 옮김, 동아시아, 2022, 15쪽.

21 캐롤린 머천트, 《자연의 죽음》, 전규찬 외 옮김, 미토, 2005, 27쪽. (허남진·이우진, 〈인류세 시대의 지구와 종교 – 지구종교론의 모색〉, 《한국종교》 제51집, 2022, 252쪽에서 재인용)

'항상성homeostasis'"을 유지한다.[22] 러브록의 가이아 가설은 인류세 가설이 등장하기 직전에 "지구를 보는 관점에 생태주의적 전환"[23]을 불러일으켰다.

브뤼노 라투르Bruno Latour는 가이아를 "'자연'을 철저히 대체할 개념"으로 파악한다. 라투르는 임계 영역Critical Zones이라는 지구과학의 개념을 활용하여 지구를 "여러 물리적 객체 중 하나인 행성"이 아니라, "우리의 머리 위 그리고 발 아래로 불과 몇 킬로미터의 두께에 지나지 않고, 그 안에서만 관측될 수 있는" "얇은 생물막biofilm"으로 정의한다. 얇은 생물막이므로 "유동적이고 가변적이며 불안정"하다. 그는 "행성으로서의 지구가 아니라 임계 영역으로서의 지구"를 이야기한다.[24] 가이아는 러브록이 말하는 것과 같은 "피드백 루프로 조정되는 사이버네틱 시스템이 아니라 일련의 역사적 사건들"[25]이다. 라투르의 생물막에서 "인간과 인간이 뿌리박힌embedded 환경은 서로가 서로를 상호 구성하므로 분리될 수 없다."[26]

러브록과 라투르와 달리 클라이브 해밀턴Clive Hamilton은 지구

---

22 제임스 러브록, 《가이아 – 살아있는 생명체로서의 지구》, 홍욱희 옮김, 갈라파고스, 2020, 52쪽.

23 송은주, 〈인류세에 부활한 가이아: 가이아의 이름을 재정의하기〉, 《인문콘텐츠》 제62호, 2021, 252쪽.

24 브뤼노 라투르, 《지구와 충돌하지 않고 착륙하는 방법》, 8~11쪽.

25 Bruno Latour, *Facing Gaia: Eight Lectures on the New Climatic Regime*, pp. 140-141. (송은주, 〈인류세에 부활한 가이아: 가이아의 이름을 재정의하기〉, 260쪽에서 재인용)

26 송은주, 〈인류세에 부활한 가이아: 가이아의 이름을 재정의하기〉, 260쪽.

시스템Earth System이라는 새로운 개념을 사용한다. 그는 우리가 "기존의 자연이 아니라 지구 시스템에 살고 있다"고 말한다.[27] 지구 시스템은 "하나의 역동적이고 통합적인 시스템이지 생태계를 모아 놓은 개념이 아니다." 그에게 지구는 "행성의 중심핵에서 대기·달에 이르기까지 서로 연결된 주기와 힘에 의해, 그리고 태양의 에너지 흐름에 의해 끊임없이 움직이는 상태에 놓인 전체"이다. 이런 시각에서 그는 인류세 개념이 "생태계 교란을 뛰어넘어 지구 시스템의 균열을 인식하는 질적 도약을 포착하기 위해 고안"되었다고 주장한다.[28]

인류세 논의에서 '지구'에 대해 서로 다른 이해의 결을 보이는 위세 사람은 '자연'을 거론하지 않는다. 자연 개념으로는 현재 지구가 처한 한계상황을 담아낼 수 없기 때문이다. 이와는 조금 다른 측면에서 티머시 모튼Timothy Morton은 "진정한 생태학적 전환을 이룩하려면 자연 개념 자체를 폐기해야 한다"고 말한다. 모튼의 이러한 주장은 "지구온난화를 일종의 '거대사물hyperobject'"로 보는 시각으로 이어진다. 여기서 "'거대hyper-'는 다른 어떤 것과 비교해서 압도적이라는 의미고, '사물object'은 무한에 가까운 사물(객체)의 가능성을 인정하는 '객체지향 존재론object-oriented ontology'의 맥락에서 나온 말"이다. 모튼의 거대사물은 "인간에 비해 광대한 시간과 공

27 클라이브 해밀턴, 《인류세 – 거대한 전환 앞에 선 인간과 지구 시스템》, 정서진 옮김, 이상북스, 2020, 89쪽.
28 클라이브 해밀턴, 《인류세 – 거대한 전환 앞에 선 인간과 지구 시스템》, 32쪽.

간에 펼쳐져 있는 것"이라서 우리는 그 온전한 모습을 볼 수 없다.[29] 예컨대 '지구온난화'라는 거대사물을 이해하기 위해선 "전 지구적 규모의 공간적 인지와 적어도 천년에서 몇 십만 년에 이르는 시간적 인식"을 해야 한다.[30] 태양계, 블랙홀, 인터넷, 전 세계의 스티로폼, 핵실험 같은 거대사물은 "우리가 결코 그 전체를 볼 수 없다. 우리가 이해할 수는 있지만, 즉각적으로 파악할 수 있는 범위 너머에 있다."[31]

'지구'는 단순한 '사물'이나 '자연' 같은 개념으로 포섭할 수 없는 거대사물에 속한다. 안정된 시스템으로서 러브록의 가이아든, 불안정한 얇은 생물막으로서 라투르의 임계 영역이든, 균열을 일으킨 해밀턴의 지구 시스템이든 간에 지구는 하나의 거대사물이다. 인류세에 거대 쓰레기라는 새로운 물物도 있지만, '지구' 자체가 새로운 물로 등장했다. 또한 이 지구 안에서 인간이 벌이고 있는 핵실험은 새로운 사事로, 인류가 자율 시스템 지구에 낸 거대한 균열로서 '인류세'라는 시대적 문제 역시 새로운 사로 등장하였다.

---

29 이동신, 〈Q: 지구온난화는 자연의 문제인가? A: 생태문제 해결하려면 인간과 대립되는 '자연'개념 폐기해야〉, 《문화일보》 2019년 12월 10일자. http://www.munhwa.com/news/view.html?no=2019121001031412000001 (검색 2022.12.10.)

30 이준석, 〈신유물론의 새로운 개념들: 행위자 − 네트워크 이론과 객체지향존재론으로 보는 과학기술적 인공물의 구성방식〉, 《사회와이론》 제42집, 2022, 137쪽. 이준석은 hyperobject를 '하이퍼객체'라고 칭하는데, 다른 연구자들은 '초과물'(송은주), '과잉객체'(김용규), 초객체, 초물체 등으로 번역한다.

31 〈초객체〉, 《킨포크》. https://kinfolk.kr/word-hyperobject/ (검색 2022.12.14.)

사물의 행위능력

행위자로서 거대사물 지구

라투르는 1980년대에 미셸 칼롱Michel Callon, 존 로John Law와 함께 '행위자 네트워크 이론Actor Network Theory'을 정립한다. "앵글로-색슨 전통에서 행위자는 언제나 의도적인 인간 개인 행위자"였다. 하지만 이 이론에 의하면, "행위자는 기호학적 정의(행위소)이며, 이는 행동하거나 타 존재로부터 행위능력을 인정받은 존재"를 의미한다.[32] 이 이론은 "행위자나 행위소actant라는 용어를 개별 인간 행위자에 제한하지 않고 비인간, 비개인적 존재들로까지 확장"한다.[33] 이것은 일반적으로 "인간이 지닌 특별한 동기를 가정하지 않는다." 행위자 혹은 행위소는 "문자 그대로 행동의 원천으로 인정받은 것이면 무엇이든 될 수 있다."[34]

행위자 네트워크 이론에서는 기술이나 기계같이 인간이 만들어낸 사물들도, 곧 인간 아닌 것들도 "인간처럼 행위능력agency"을 가지고 있다고 주장한다. 행위능력을 가지고 있다는 점에서 "인간과 비인간을 동등하게, 대칭적으로" 취급해야 한다는 것이다.[35] 이

---

32 브루노 라투르, 〈행위자네트워크 이론에 관하여〉, 브루노 라투르 외, 홍성욱 엮음, 《인간·사물·동맹》, 이음, 2021, 107쪽.

33 브루노 라투르, 〈행위자네트워크 이론에 관하여〉, 98쪽.

34 브루노 라투르, 〈행위자네트워크 이론에 관하여〉, 107쪽.

35 홍성욱, 〈행위자네트워크 이론 – 불확실하고 변화하는 수상한 사물에 주목하라〉, 브루노 라투르 외, 《인간·사물·동맹》, 8쪽.

이론에서 기술이 행위능력을 가지고 있다는 말은 비유적인 표현이다. 기술이 실제 사람처럼 생명이 있는 존재로서 어떤 의도를 가지고 의지력을 발휘한다는 의미는 아니다. "명령이나 법이 다른 사람들의 행동을 바꿀" 수 있듯이, 기술 역시 동일한 효과를 내어 사람의 행동을 바꿀 수 있다는 것이다. "안전벨트를 매지 않고 운전을 하다가 교통경찰을 보고 안전벨트를 매는" 행위와 "안전벨트를 매지 않았다는 경보음"이 울려 "안전벨트를 매는" 행위는 동일한 효과가 있기 때문에 차이가 없다는 뜻이다.[36]

그러면 가이아로서 지구도 행위능력을 갖춘 행위자인가? 태양계에서 금성과 화성의 대기 중 이산화탄소 비율은 95퍼센트인 반면, 지구는 0.03퍼센트에 불과하다. 러브록의 '가이아 가설Gaia Hypothesis'에 의하면, 원시 지구 역시 처음에는 금성과 화성과 유사했다. 하지만 지구상에 생명체가 생겨나면서 그 생명체들이 능동적이고 적극적으로 이산화탄소를 빨아들이고 산소를 내뿜는 등 지구의 물리·화학적 환경을 변화시켜 지금과 같은 대기를 조성한 것이다. 본래부터 지금과 같은 대기가 형성되어 있어서 생명체가 거기에 적응해 온 것이 아니라는 설명이다. 대기 중 산소의 일정한 농도, 대기 중 이산화탄소의 일정한 용량, 해양의 일정한 염분 농도 등은 가이아로서 지구가 스스로 조절하기 때문이다. 가이아가 "스스로 피드백 장치나 사이버네틱 시스템을 구성하고 있"기

---

36 홍성욱, 〈인간과 기계에 대한 '발칙한' 생각 – ANT의 기술론〉, 브루노 라투르 외, 《인간·사물·동맹》, 142쪽.

때문이다. 가이아는 스스로 "음과 양의 복잡한 피드백 작용을 통해 엔트로피를 감소시켜 항상성을 유지"하기 위해 "정보를 받아들이고 처리"[37]한다.

이러한 러브록의 가이아 가설은 브뤼노 라투르에게 영향을 미친다. 라투르가 주장한 '임계 영역으로서의 지구'는 더 이상 우리의 일상과 인류 역사에 무관한 배경이 아니다. "생명체가 생존을 위해 적응해야 했던 장소가 아닌 생명체가 거주할 수 있도록 자신을 위해 변형시킨 장소"이다.[38] 그 변형의 주체들은 인간만이 아니라 무수히 많은 비인간 행위자들이다.

그에 의하면, 가이아는 어떤 목적인에 의해 작동하는 통합적 총체가 아니라, 비인간 행위자들의 의도들이 뒤엉켜 뒤죽박죽되어 있는 "거대한 웅덩이fine muddle"에 가깝다.[39] 라투르는 이처럼 러브록보다 더 적극적으로 지구와 비인간 존재자들을 행위자actor로 보고 그들의 행위능력agency에 주목한다. 인류세의 맥락에서 어떤 행위의 주체가 된다는 것은 "객관적인 맥락과의 관계에서 자율적 인식으로 행동한다는 의미가 아니라, 역시 자신의 자율성을 상실한 다른 주체들과 행위성을 공유한다는 의미"[40]이다. 가이아 지구

37　송은주, 〈인류세에 부활한 가이아: 가이아의 이름을 재정의하기〉, 257쪽.

38　허남진 · 이우진, 〈인류세 시대의 지구와 종교 – 지구종교론의 모색〉, 260쪽.

39　Bruno Latour, *Facing Gaia: Eight Lectures on the New Climatic Regime*, p. 100. (송은주, 〈인류세에 부활한 가이아: 가이아의 이름을 재정의하기〉, 261쪽에서 재인용)

40　Bruno Latour, "Waiting for Gaia: Composing Common World through Arts and Politics," p. 2. (송은주, 〈인류세에 부활한 가이아: 가이아의 이름을 재정의하기〉, 261쪽에서 재인용)

인류세의 새로운 사물(物)과 쓰레기의 이치(理) |

에서 인간은 유일한 주체이자 행위자가 아니다. 비인간, 비생명체도 가이아의 행위자이다.[41]

거대사물로서 지구를 비롯한 모든 존재자들, 특히 사물들은 일종의 행위능력을 가지고 행위자로서 그 역할을 다하고 있다. 그런데 그 행위에는 긍정적인 행위뿐만 아니라 부정적인 행위 역시 포함된다. 부정적인 행위에서 '부정적'의 의미는 인간의 입장을 대변한다. '인류세'라는 논의 자체가 거대사물들이 빚어 낸 행위의 결과 값이 지닌 부정적인 효과에 관한 것이다. 인류가 생산하는 액체 인공사물은 물과 땅을 오염시키며, 고체 형태의 인공사물은 폐기 처분되어 땅과 물을 오염시키고, 기체 형태의 인공사물 쓰레기는 대기를 오염시킨다. 인공사물의 과잉생산, 과잉소비, 과잉배출의 악순환은 지구 역사의 심원한 시간에 비하면 아주 짧은 시간에 불과한 기간에 지구온난화를 초래하였다. 그 결과 거대사물 지구를 "수고하고 무거운 짐 진 자"[42]로 탈바꿈시켰다. 과학자들은 이미 "'생태발자국ecological footprint'이나 '지구위험한계planetary

41 Bruno Latour, *Facing Gaia: Eight Lectures on the New Climatic Regime*, p. 87. (송은주, 〈인류세에 부활한 가이아: 가이아의 이름을 재정의하기〉, 260쪽에서 재인용)

42 《NEW AMERICAN STANDARD BIBLE》(1977)에는 "수고하고"는 "weary"로, "무거운 짐 진"은 "heavy-laden"로 번역되어 있다. weary의 의미는 《Longman Dictionary of Contemporary English》(1991)에 따르면 "very tired, esp. after long work or a long journey"이다. 신약성서 〈마태복음〉 11:28 헬라어 문법에 따르면, "수고하고"는 능동태이고 "무거운 짐 진"은 수동태이다. 동작과 상황의 계속을 암시하는 현재분사로 되어 있다. (강병도 편찬책임, 《톰슨Ⅱ성경주석》, 기독지혜사, 2009.) '수고하고'는 스스로 많은 일들을 하여 계속해서 피곤에 지친 상태를 말하고, '무거운 짐 진'은 타인에 의해 무거운 짐을 진 채 계속해서 지쳐 있는 상태를 말한다. (굿윌러, 〈헬라어 마태복음 11장 원어 성경 주석 강해 설교〉, 《인생여행》, https://tripol.tistory.com/210 (검색 2022. 12. 13.))

boundaries' 등의 개념에 기초해 지구의 짐을 정량적으로 평가"해 오고 있다.[43]

　인류세의 지구는 16세기 이전 유럽의 '자연'도, 20세기 이전 동양의 '산천'도, 20세기 후반의 '행성 지구'도 아니다. 인류가 생산하고 버리는 각종 쓰레기는 갈수록 거대사물의 형태로 모습을 바꾸어 가고 있다. 지금의 기후위기는 이미 한계 초과의 쓰레기 짐을 진 지구가 자신의 행위능력을 발휘하여 경보음을 내고 있는 것이라고 할 수 있다.

쓰레기의 이치(理)

버려짐

쓰레기란 무엇인가? 쓰레기의 사전적 의미는 "비로 쓸어 낸 먼지나 티끌, 또는 못 쓰게 되어 내다 버릴 물건이나 내다 버린 물건"[44]

---

43 박지형, 〈지구의 짐: 인류세 담론의 과학과 신화〉, 《탈경계인문학》 15권 1호, 2022, 95쪽. "1990년대에 제안된 생태발자국은 생태학에서 특정 생태계가 부양할 수 있는 개체군의 최대 크기를 의미하는 '수용능력carrying capacity'의 개념을 반대 방향으로 적용하여, 현존하는 인구를 부양하기 위해 감당해야 할 환경 부하량을 그에 상응하는 토지의 면적으로 나타낸다. 지구위험한계는 지구 시스템이 정상적으로 작동하는 데 필수적인 9개의 항목에 대해 인류가 재난에 직면하지 않고 살아갈 수 있는 '안전한 작동 범위'의 한계를 의미하며, 생물다양성 위기와 질소와 인 같은 영양소의 과다 현상이 이미 안전 범위를 과도하게 넘어선 것으로 평가되고 있다."(박지형, 〈지구의 짐: 인류세 담론의 과학과 신화〉, 95~96쪽.)

44 〈쓰레기〉, 《국립국어원 표준국어대사전》. https://stdict.korean.go.kr/search/searchView.do (검색 2022.12.13.)

이다. "비로 쓸어 낸 먼지나 티끌"은 그 자리에 불필요한, 여분의 것이다. 예컨대 조각상을 빚을 때 "아름답고 조화로우며 만족스럽고 좋은 것들"은 "여분의 불필요한, 쓸모없는 것을 잘라내 버림으로써" 나타난다.[45] 혹은 쓰레기는 "완전히 쓸모없거나 소실되거나 파괴되어서, 새로운 대상들로 보충되는, 효용 가능성의 영역에서 '벗어난' 대상들"이다.[46] 또는 자본의 구식화 전략에 의해 아직 사용가치가 남아 있는데도 창출된 유행을 따라 과잉소비를 부추기는 과잉생산과 과잉폐기라는 악순환의 산물이기도 하다. 이렇게 버려지는 쓰레기는 "깨진 빈 병처럼 형태나 가치가 완전히 사라지지 않은" 채 "반자연Antinatur"[47]의 형태로 남는다. 그래서 쓰레기는 "모든 생산의 어둡고 수치스러운 비밀"[48]로 불린다.

이러한 쓰레기는 세 가지 측면에서 그 리理를 벼려 낼 수 있다. 첫째, 쓰레기의 리는 '버려짐'이다. 쓰레기는 불필요한 것, 쓸모없는 것, 그래서 버려지는 것들이다. 사람들의 관심에서 멀어지고, 본래의 이름에 걸맞는 의미도 상실한, 버려진 것이다. 쓰레기는 일반

45 지그문트 바우만, 《쓰레기가 되는 삶들: 모더니티와 그 추방자들》, 정일준 옮김, 새물결, 2008, 49~50쪽. (우찬제, 〈'쓰레기 – 치유'를 위한 문학 윤리〉, 《문학과환경》 제19권 2호, 2020, 92쪽에서 재인용)

46 알라이다 아스만, 《기억의 공간》, 변학수 · 채연숙 옮김, 그린비, 2012, 524쪽.

47 빌렘 플루서는 "인간이 생산해 낸 유무형의 대상이 사용가치를 다한 후에도 완벽하게 자연으로 회귀되어 무無가 되지 못하며 흔적을 남기는" 것을 "반자연Antinatur"으로 규정한다. (최은아, 〈쓰레기 이론의 유형학〉, 《독일어문화권연구》 제23호, 2014, 219쪽.)

48 지그문트 바우만, 《쓰레기가 되는 삶들: 모더니티와 그 추방자들》, 59쪽. (신성환, 〈SF 영화에 나타난 '쓰레기 문명'과 공존의 윤리에 대한 상상력: 〈월-E〉와 〈승리호〉를 중심으로〉, 《현대영화연구》 43집, 2021, 14쪽에서 재인용)

적으로 '사용자에 의해 버려진 것'을 의미한다. 쓰레기는 법률적으로 폐기물의 하위 범주[49]에 속하는데, 이때의 쓰레기는 일반적인 의미에서 말하는 보통의 쓰레기이다. 하지만 이 글에서는 '버려진 것'이라는 쓰레기의 본래 의미를 광범위하게 적용하려고 한다. 배기排氣는 "열기관에서, 일을 끝낸 뒤의 불필요한 증기나 가스"[50]를 일컫는다. 폐수란 "물에 액체성 또는 고체성의 수질오염 물질이 섞여 있어 그대로는 사용할 수 없는 물"[51]을 말하는데, 여기에서 말하는 수질오염 물질 역시 '버려진' 것들에서 유래한다. 그런 의미에서 자동차와 공장 굴뚝에서 배출되는 배기가스exhaust gas,[52] 각종 산업 시설에서 버려지는 폐수[53] 등도 '쓰레기'의 범주에 포함시

---

49 「폐기물관리법」 제1장 제2조에 의하면, "폐기물이란 쓰레기, 연소재燃燒滓, 오니汚泥, 폐유廢油, 폐산廢酸, 폐알칼리 및 동물의 사체死體 등으로서 사람의 생활이나 사업활동에 필요하지 아니하게 된 물질을 말한다." 폐기물은 생활폐기물, 사업장폐기물, 지정폐기물, 의료폐기물로 구분한다.(〈폐기물〉, 법제처 국가법령정보센터 《폐기물관리법》. https://www.law.go.kr/%EB%B2%95%EB%A0%B9/%ED%8F%90%EA%B8%B0%EB%AC%BC%EA%B4%80%EB%A6%AC%EB%B2%95 (검색 2022.12.12.))

50 〈배기〉, 《국립국어원 표준국어대사전》. https://stdict.korean.go.kr/search/searchView.do (검색 2022.12.13.)

51 〈폐수〉, 법제처 국가법령정보센터 《물환경보호법》. https://www.law.go.kr/%EB%B2%95%EB%A0%B9/%EB%AC%BC%ED%99%98%EA%B2%BD%EB%B3%B4%EC%A0%84%EB%B2%95 (검색 2022.12.13.)

52 배출가스란 "자동차에서 배출되는 가스상물질 및 입자상물질 중 일산화탄소(CO), 탄화수소(HC), 질소산화물(NOx), 알데히드, 입자상물질(PM)"을 말한다.(〈배출가스〉, 《자동차 배출가스 등급 산정방법에 관한 규정》. https://www.law.go.kr/LSW/admRulInfoP.do?admRulSeq=68202) 공장 굴뚝에서 배출되는 대표적인 7가지 대기오염 물질은 황산화물(SOx), 질소산화물(NOx), 불화수소(HF), 일산화탄소(CO), 암모니아(NH₃), 염화수소(HCl), 먼지(TSP) 등이다.(〈공장 굴뚝에서 배출되는 7가지 대기오염물질〉, 《한국산업기술시험원》. https://m.blog.naver.com/ktl_blog/222011908707 (검색 2022.12.12.))

53 환경부 소속 국립환경과학원은 2021년 6월 9일 국내 82개 폐수 배출 시설의 51종 수질

켜서 논의를 진행한다.

주자朱子에 의하면 모든 사물은 리와 기로 이루어진 '리-기' 존재이다. 그러면 쓰레기로 통칭되는 각 쓰레기 사물들의 리는 무엇일까? 버려진 것에도 리는 있을까? 주자는 사물을 몸체(體)와 쓰임(用)으로 분석한다. 그의 설명에 의하면, "먼저 드러나 있는 것이 몸체이고, 그로 인해 나중에 생겨나는 것이 쓰임이다."[54] 이를 달리 표현하면, "일·사건·사태와 사물이 또한 몸체가 되고, 그 리가 발현되는 것은 쓰임이 된다."[55] 예컨대 사람이 부채를 부칠 때 부채가 움직이는 것, 곧 부채의 사용가치가 여전히 효력을 유지함은 부채의 쓰임이다. 부채를 바닥에 내려놓으면 그것은 부챗살과 손잡이, 그리고 풀을 먹인 종이로 이루어진 하나의 사물, 즉 언제든지 부채의 사용가치가 효력을 발휘하기를 기다리는 부채라는 몸체로 존재한다.[56]

어떤 것의 본질은 "어떤 것이 무엇인 바 그것과 어떻게 존재하는 바 그것"[57]이다. 이는 '뒤에 생겨나는 것(後來生底)', 곧 쓰임(用)은 "이미 드러나 있는 '몸체로서 사물'을 바로 그 사물로 있게 하는

오염물질 배출 목록을 발간한 바 있다.

54 《朱子語類》6:21 曰: "見在底便是體, 後來生底便是用."

55 《朱熹集》48-12 答呂子約40: "若以形而下者言之, 則事物又爲體, 而其理之發見者 爲之用."

56 《朱子語類》94:29 "譬如扇子, 只是一箇扇子, 動搖便是用, 放下便是體;"《朱子語 類》6:24 "譬如此扇子, 有骨, 有柄, 用紙糊, 此則體也; 人搖之, 則用也."

57 마르틴 하이데거, 〈예술작품의 근원〉, F. W. 폰 헤르만, 《하이데거의 예술철학》, 이기상 ·강태성 옮김, 문예출판사, 1997, 553쪽.

그 사물의 리가 '몸체로서 사물'을 통해 겉으로 드러나는 것"임을 뜻한다.[58] 그런데 쓰레기는 이미 어떤 사물로서의 사용가치를 잃어버렸거나, 사용가치가 배제된 버려진 것이다. 그렇다면 쓰레기라는 사물의 몸체는 "반문화"의 형태로 남아 있지만, 그 사용가치는 상실 내지 배제의 상태로 버려져 있다. 다시 말해 쓰레기라는 사물을 쓰레기로 있게 하는 쓰레기의 리는, 그 쓰레기를 통해 겉으로 드러나는 것인데, 그것이 바로 '버려짐'이다. 따라서 "쓰레기의 '쓰임(用)'은 '버려짐'이다"라는 역설이 발생한다. 쓰레기란 쓸모가 없어서 버려졌는데, 그 쓸모없음이 쓸모가 되는 역설이 성립한다. 이 역설은 쓰레기의 재생으로 이어진다.

재생

둘째, 쓰레기의 리는 '재생'이다. 쓰레기는 버려져 나의 관심과 시야에서 완전히 벗어나 잊히지만, 여러 가지 방법과 형태로 새로운 사물로 거듭나기도 한다. 쓰레기의 거듭남은 재활용recycling, 예술작품, 미래의 화석 등의 형태로 이루어진다.

우리나라는 「폐기물관리법」에 의거하여 재활용 관리 제도를 운용하고 있는데 "폐기물의 물리·화학적 특성이나 유해성, 재활용행위의 성격, 산출물의 특성" 등을 고려하여 재활용의 유형을 6가지로 분류하고 있다. 6가지 유형은 버려진 쓰레기를 원형 그대로

---

58 김재경, 〈주자학에서 진리[道]와 예술작품의 존재론적 관계에 대한 연구〉, 성균관대학교대학원 박사학위논문, 2006, 80쪽.

다시 사용하기, 재생 이용하기, 농업 생산을 위한 토질 개선에 재활용하기, 성토·복토 재료나 도로 기층재로 재활용하기, 에너지를 회수하기, 중간 가공 폐기물을 만들기 등이다.[59]

쓰레기는 앞에서 살펴본 바와 같이 텔로파슬이라는 화석의 형태로 그 삶을 탈바꿈하여 부활을 꿈꾼다. 쓰레기는 태평양의 쓰레기섬에서 새로운 유기체라는 변이 과정을 거쳐 새로운 종으로 진화를 거듭할 수 있다. 반면에 앤디 워홀Andy Warhol이 버려진 비누상자를 재활용해 작품을 창조하였듯이 현실 세계에서 예술가들에 의해 미학적 예술작품으로 새롭게 탈바꿈하여 "문화적 기억"으로 자리매김하기도 한다. 쓰레기가 정크junk 아트art로 재탄생하는 것이다. 쓰레기가 예술작품으로 변신할 수 있는 것은 보리스 그로이스Boris Groys에 의하면 "가치 전도" 때문이다. "눈에 띄지 않고 가치가 없는 것"으로 여겨졌던 쓰레기가 "재평가"를 거쳐 "재발견"됨으로써 "새로운 것"으로 거듭나는 것이다.[60] 이는 구석기시대의 돌촉 가운데 일부와 관련하여 빌렘 플루서Vilém Flusser가 언급했듯이 "돌을 날카롭게 만들 때 돌에서 떨어져 나온abgefallen 파편 Abfall"인 쓰레기의 "창조적 재활용 가능성"에 주목한 결과이다.[61]

쓰레기의 변신이 가능한 이유는 주자의 통찰에서도 찾아볼 수 있다. 성리학적 사유에 의하면, 이 세상에 있는 것들은 그것이 무

---

59 환경부, 《재활용 관리제도 종합해설서》, 2016, 4쪽.

60 최은아, 〈쓰레기 이론의 유형학〉, 222쪽.

61 최은아, 〈쓰레기 이론의 유형학〉, 220쪽.

ㅣ 초연결시대 관계의 상전이相轉移 연구   122 ㅣ

엇이든지 간에 모두 기氣로 이루어져 있다. 이 기는 굽혀지고 펴지며(屈伸), 모여들었다가 흩어지고(聚散), 오르락내리락(昇降)하는 등 다양한 운동성을 가지고 있다. 그러는 과정에서 사물은 음에서 양으로 변變하고, 양에서 음으로 화化하면서 그 모습을 달리한다.[62] 그런데 변은 홀연히 바뀌고, 화는 천천히 사그러든다.[63] 화는 어떤 것이 차츰차츰 바뀌어 그 수명이 다하여 '있음'에서 '없음'으로 되는 것이고, 변은 어떤 것이 갑자기 자라서 '없음'에서 '있음'으로 되는 것이다.[64] 어떤 사물이 본래의 사용가치를 다하여 '쓸모 있음'에서 '쓸모없음'으로 바뀐다. 그러다가 새로운 사용가치가 발견되어 갑자기 다른 사물의 형태로 재활용되거나, 작품으로 재탄생하여 '쓸모없음'에서 '쓸모 있음'으로 바뀐다. 이처럼 쓰레기는 변과 화의 과정을 거쳐 다른 사물로 새롭게 태어나는 재생의 리가 있다.

행위능력

셋째, 쓰레기의 리는 '행위능력'이다. 어떤 사물이든지 변과 화의 과정을 거치면서 생성과 소멸의 양태를 띤다. 쓰레기도 예외는 아니다. 쓰레기는 어떤 사물의 쓰임이 차츰차츰 소멸하면서 그 쓰임

---

62 《朱子語類》74:14 曰: "固是. 變是自陰而陽, 化是自陽而陰."

63 《朱子語類》74:62 曰: "變是自陰之陽, 忽然而變, 故謂之變; 化是自陽之陰, 漸漸消磨將去, 故謂之化."

64 《朱子語類》74:61 "化則漸漸化盡, 以至於無; 變則驟然而長. 變是自無而有, 化是自有而無."

인류세의 새로운 사물(物)과 쓰레기의 이치(理) |

의 수명이 다해 버려진 것이다. 쓰레기는 관심에서 멀어지고, 버려지고, 내던져지는 피동적인 존재자이다. 화化라는 음의 피드백이 작동하기 때문이다. 화라는 음의 피드백 과정을 거쳐 본래 상품이 가지고 있던 물리·화학적 성질은 '있음'에서 '없음'으로 바뀐다. 그러나 쓰레기는 건져지고, 다가와서, 지대한 관심을 받는 능동적인 존재자로 변신한다. 변變이라는 양의 피드백이 작동하기 때문이다. 변이라는 양의 피드백이 작동하면서 본래의 물리·화학적 성질의 '없음'은 새로운 성분의 물리·화학적 성질의 '있음'으로 바뀐다. 이런 변과 화, 음과 양의 피드백이 작동하는 이유는 세상에 존재하는 모든 사물이 그것이 어떤 것이든 기氣[65]의 테두리에서 벗어나지 않는 기화氣化[66]의 과정에 있기 때문이다.

사물의 이치는 본래 모두 천리이지만 사람의 욕구·욕망에 의하여 뒤집혀져(反) 그 쓰임이 좋지 않게 되면 나쁨, 곧 나쁜 것이 된다.[67] 주자는 좋음과 나쁨 모두 리라고 말한다. 다만, 좋음은 순리를 거스르지 않는 것이고, 나쁨은 순리를 거슬러 뒤집혀진 것이다. 때문에 주자의 입장에서는 나쁨의 리가 따로 있다고 말할 수 없다.[68] 또한 나쁨이라고 말하는 것은 본래 나쁨이 아니라 지나침

---

65 《朱子語類》 98:11 "天地之間, 二氣只管運轉, 不知不覺生出一箇人, 不知不覺又生出一箇物."

66 《朱子語類》 60:46 "'由氣化有道之名', 由氣之化, 各有生長消息底道理, 故有道之名"; 《朱子語類》 60:45 "'由氣化有道之名', 氣化是那陰陽造化, 寒暑晝夜, 雨露霜雪, 山川木石, 金水火土, 皆是只這箇, 便是那太虛, 只是便雜卻氣化說."

67 《朱子語類》 97:38 "本皆天理, 只是被人欲反了, 故用之不善而爲惡耳."

68 《朱子語類》 97:42 "善, 只是當恁地底; 惡, 只是不當恁地底. 善惡皆是理, 但善是那

혹은 미치지 못함이 그 원인이 되기도 한다. 가령 수오지심羞惡之心은 의義의 실마리이므로 본래 좋음이지만, 자신의 잘못이나 남의 잘못을 미워하는 마음이 지나치자마자 잔인함에 이르고 만다.[69] 사람의 잔인함은 곧 측은을 뒤집어버린(翻) 것이다.[70]

이런 논리를 상품에 적용해 보자. 사람이 어떤 목적에 의해 무엇인가를 생산해 낸 물건은 사람살이에 필요한 것이므로 '좋은(善)' 것이다. 그러나 자본의 욕망에 의하여 빚어지는 잉여 생산과 잉여 소비는 수많은 물건들을 조기 은퇴시키는 순환 구조를 가지고 있다. 상품의 본래 용도가 사람의 편의 추구와 사치라는 욕구·욕망에 의해 뒤집혀져 잉여 폐기됨으로써 좋지 않은(不善) 혹은 나쁜(惡) 쓰레기로 바뀌는 것이다.

또한 음 속에 저절로 음과 양이 있고 양 속에 저절로 음과 양이 있으므로,[71] 쓰레기는 음이지만 '재생'이라는 양의 측면과 '오염물질'이라는 음의 측면이 있다. 한편 쓰레기는 상품이라는 본래의 형태에서 쓰레기라는 또 하나의 다른 사물의 형태로 '새롭게' 거듭난다. 그래서 상품과 쓰레기의 관계를 양과 음의 관계로 본다면 쓰레기는 음이지만, 쓰레기와 그 오염물질의 관계에서는 쓰레기

順底, 惡是反轉來底. 然以其反而不善, 則知那善底自在, 故"善惡皆理"也, 然卻不可道有惡底理."

69 《朱子語類》 97:39 "如'惻隱之心, 仁之端', 本是善, 纔過, 便至於姑息; '羞惡之心, 義之端', 本是善, 纔過, 便至於殘忍. 故它下面亦自云: '謂之惡者, 本非惡, 但或過或不及, 便如此.'"

70 《朱子語類》 97:40 "本是天理, 只是翻了, 便如此. 如人之殘忍, 便是翻了惻隱."

71 《朱子語類》 119:8 "人生只是箇陰陽, 那陰中又自有箇陰陽, 陽中又自有箇陰陽."

인류세의 새로운 사물(物)과 쓰레기의 이치(理) |

가 양이고 오염물질은 음이 된다.[72] 쓰레기와 그 쓰레기에서 생성되는 오염물질의 관계를 음양의 측면에서 상대적으로 보면, 쓰레기는 좋음의 자리에, 오염물질은 나쁨에 자리에 배치된다.

그런데 낱개의 쓰레기들이 함께 모여 일정한 임계치를 넘으면 쓰레기가 지닌 화학적·물리적 행위능력이 저절로 작동하여 인간의 생활세계를 침범하고 인간을 공격하는 행위자로 등장한다. 버려진 것들의 역습이 시작되는 것이다. 기체 쓰레기의 역습은 지구 기온 상승을, 액체 쓰레기의 역습은 수질오염과 토양오염을 초래한다. 고체 쓰레기의 역습은 육지에는 쓰레기산을, 바다에는 쓰레기섬을 만들고, 미세플라스틱은 수질 및 토양오염과 대기오염을 불러일으킨다. 그리고 또 다른 형태의 고체 쓰레기인 미세먼지와 초미세먼지는 우리의 건강과 일상을 공격한다.

뒤집혀진다(反, 翻)는 것은 뒤집힐 수 있는 가능성, 즉 뒤집힐 수 있는 어떤 피동적인 힘과 뒤집을 수 있는 어떤 능동적인 힘이 있다는 뜻이다. 그 힘은 기가 가진 활성活性 능력이다. 활성인 물질은 물론이고 자력으로 운동할 수 없는 것처럼 보이는 불활성 물질 역시 기의 측면에서 보면 모두 활성이다.[73] 왜냐하면 어떤 것이 생겨난다는 것은 음과 양의 정수가 저절로 뭉쳐져 이루어지기 때문이다.[74] 그것이 새로운 상품이든 쓰레기든 간에 좋고 나쁨을 떠나 어

---

72 《朱子語類》65:1 "陰陽只是一氣, 陽之退, 便是陰之生. 不是陽退了, 又別有箇陰生."

73 김영식, 《주희의 자연철학》, 예문서원, 2005, 77쪽.

74 《朱子語類》94:69 "乃生物之初, 陰陽之精, 自凝結成兩箇, 後來方漸漸生去. 萬物皆然."

떤 것이 생겨남은 굴신 · 왕래 · 취산 · 응결 · 조작하는 기[75]의 행위능력 때문이다. 그러므로 인류세의 기후위기 인자들인 기체 쓰레기, 액체 쓰레기, 고체 쓰레기 역시 태생적으로 이러한 행위능력을 지니고 있다고 할 수 있다.

수고하고 무거운 짐 진 지구

거대사물 지구는 인류가 떠넘긴 '무거운 짐'을 지고 있다. 이제는 그 짐의 무게를 견디지 못하고 피동적인 입장에서 탈피하여 능동적으로 인류를 역습하는 '수고'를 하기 시작했다. 인류세의 기후위기가 그 증거이다. 기후위기는 '좀비 바이러스'라는 또 다른 새로운 물物을 선사하리라는 예고까지 나오고 있다. 지구온난화가 시베리아의 영구 동토를 녹여 수만 년 전에 묻힌 바이러스의 재활성화 가능성을 높이리라는 예측이다.[76]

인류세를 초래한 지구온난화를 비롯하여 지구라는 얇은 생물막에 인류가 가한 거대한 균열은 모두 기체 · 액체 · 고체 쓰레기와 직접적인 연관이 있다. 전 세계의 쓰레기 배출량이 그 임계치

---

75 《朱子語類》3:7 "鬼神只是氣. 屈伸往來者, 氣也. 天地間無非氣"; 《朱子語類》1:13 "蓋氣則能凝結造作, 理卻無情意, 無計度, 無造作. 氣則能醞釀凝聚生物也. 但有此氣, 則理便在其中."

76 유한주, 〈온난화 저주…영구동토 녹아 '좀비 바이러스' 봉인 뜯기나〉, 《연합뉴스》2022년 12월 4일자. https://www.yna.co.kr/view/AKR20221204007200009 (검색 2022.12.04.)

를 넘어서자 쓰레기는 마치 동맹이라도 하듯이 새로운 사물로 거듭나 얇은 생물막 지구의 임계 영역에 커다란 생채기를 내고 있다. 거대사물로 탈바꿈한 쓰레기는 버려짐, 재생, 행위능력이라는 자신의 이치에 따라 음과 양의 피드백을 쉼 없이 진행한다. 수고하고 무거운 짐을 진 지구는 자동적으로 이에 공명하면서 인류를 습격하는 '침입자'의 역할을 서서히, 그러나 때로는 급격하게 수행하고 있다.

성리학적 전통에서는 사물의 생성·변화를 기氣 개념으로 설명해 왔다. 그러나 현대적 의미에서 볼 때 사물의 행위능력이나 주체적 행위자로서 사물 개념 등은 맹아적 형태로 잔존해 왔을 뿐이다. 21세기의 인류세라는 새로운 사태는 사물의 '새로움'을 다루도록 재촉하고 있고, 새로운 사물을 다루는 문제는 유학적 전통에서는 궁극적으로 격물格物의 문제로 귀결된다.[77] 거대 쓰레기, 거대사물 등 새로운 물物이 등장하였으니, 격물 역시 새로운 물의 성격에 맞는 해석을 필요로 한다. 인류세의 새로운 물 개념 연구는 격물 해석의 확장 가능성으로 이어질 필요가 있다.

---

77 필자는 조만간 인류세에 격물이란 어떤 의미가 있는지에 대한 문제의식의 연장으로 새로운 물과 새로운 격格의 의미를 연구하려고 한다.

참고문헌

《朱子語類》
《朱熹集》

강병도 편찬책임,《톰슨Ⅱ 성경주석》, 기독지혜사, 2009.

김영식,《주희의 자연철학》, 예문서원, 2005.

마르틴 하이데거,〈예술작품의 근원〉, F. W. 폰 헤르만,《하이데거의 예술철학》, 이기상 · 강태성 옮김, 문예출판사, 1997.

브뤼노 라투르,《지구와 충돌하지 않고 착륙하는 방법》, 박범순 옮김, 이음, 2021.

_____,〈행위자네트워크 이론에 관하여〉, 브루노 라트루 외, 홍성욱 엮음, 《인간 · 사물 · 동맹》, 이음, 2021.

알라이다 아스만,《기억의 공간》, 변학수 · 채연숙 옮김, 그린비, 2012.

제임스 러브록,《가이아-살아있는 생명체로서의 지구》, 홍욱희 옮김, 갈라파고스, 2020.

지그문트 바우만,《쓰레기가 되는 삶들: 모더니티와 그 추방자들》, 정일준 옮김, 새물결, 2008.

캐럴린 머천트,《인류세의 인문학》, 우석영 옮김, 동아시아, 2022.

_____,《자연의 죽음》, 전규찬 외 옮김, 미토, 2005.

클라이브 해밀턴,《인류세-거대한 전환 앞에 선 인간과 지구 시스템》, 정서진 옮김, 이상북스, 2020.

홍성욱,〈인간과 기계에 대한 '발칙한' 생각-ANT의 기술론〉, 브루노 라투르 외, 홍성욱 엮음,《인간 · 사물 · 동맹》, 이음, 2021.

홍성욱,〈행위자네트워크 이론 - 불확실하고 변화하는 수상한 사물에 주목하라〉, 브루노 라투르 외, 홍성욱 엮음,《인간 · 사물 · 동맹》, 이음, 2021.

환경부,《재활용 관리제도 종합해설서》, 2016.

《Longman Dictionary of Contemporary English》, 1991.

인류세의 새로운 사물(物)과 쓰레기의 이치(理) |

《NEW AMERICAN STANDARD BIBLE》, 1977.

김재경, 〈주자학에서 진리[道]와 예술작품의 존재론적 관계에 대한 연구〉, 성균관대학교대학원 박사학위논문, 2006.

김지성 · 남욱현 · 임현수, 〈인류세(Anthropocene)의 시점과 의미〉, 《지질학회지》 제52권 제2호, 2016.

민형기, 〈국내 해양쓰레기 현황 및 해양쓰레기 관련 정부 정책〉, 《(사)한국환경교육학회 발표논문집》, 2019.

박지형, 〈지구의 짐: 인류세 담론의 과학과 신화〉, 《탈경계인문학》 15권 1호, 2022.

백승한, 〈플라스틱 어버니즘: 인류세, 어셈블리지, 그리고 도시〉, 《미학예술학연구》 제63집, 2021.

송은주, 〈인류세에 부활한 가이아: 가이아의 이름을 재정의하기〉, 《인문콘텐츠》 제62호, 2021.

신성환, 〈SF 영화에 나타난 '쓰레기 문명'과 공존의 윤리에 대한 상상력: 〈월-E〉와 〈승리호〉를 중심으로〉, 《현대영화연구》 43집, 2021.

심효원, 〈인류세와 21세기 간학제적 접근론: 차크라바르티, 파리카, 해러웨이를 중심으로〉, 《비교문학》 제80집, 2020.

이준석, 〈신유물론의 새로운 개념들: 행위자-네트워크 이론과 객체지향존재론으로 보는 과학기술적 인공물의 구성방식〉, 《사회와이론》 제42집, 2022.

전혜숙, 〈인류세의 관점에서 본 생태 미술의 특징〉, 《현대미술사연구》 제49집, 2021.

최은아, 〈쓰레기 이론의 유형학〉, 《독일어문화권연구》 제23호, 2014.

허남진 · 이우진, 〈인류세 시대의 지구와 종교—지구종교론의 모색〉, 《한국종교》 제51집, 2022.

Bruno Latour, "Waiting for Gaia: Composing Common World through Arts and Politics," 2017.

Bruno Latour, *Facing Gaia: Eight Lectures on the New Climatic Regime*, 2013.

〈공장 굴뚝에서 배출되는 7가지 대기오염물질〉,《한국산업기술시험원》, https://m.blog.naver.com/ktl_blog/222011908707 (검색 2022.12.12.)

《국립국어원 표준국어대사전》, https://stdict.korean.go.kr/search/searchView.do

〈초객체〉,《킨포크》, https://kinfolk.kr/word-hyperobject/ (검색 2022.12.14.)

김영현, 〈3천 곳에 산처럼 쌓인 쓰레기 8억t…골머리 앓는 인도 정부〉,《연합뉴스》2021년 10월 18일자. https://www.yna.co.kr/view/AKR20211 018125200077 (검색 2022.12.12.)

김윤주, 〈선진국이 수출한 전자폐기물, 저소득 국가 어린이 암 유발〉,《한겨레》2022년 7월 25일자. https://www.hani.co.kr/arti/society/environ ment/1052255.html (검색 2022.12.13.)

법제처 국가법령정보센터《물환경보호법》. https://www.law.go.kr/%EB% B2%95%EB%A0%B9/%EC%BC%ED%99%98%EA%B2%BD %EB%B3%B4%EC%A0%84%EB%B2%95

법제처 국가법령정보센터《폐기물관리법》. https://www.law.go.kr/%EB% B2%95%EB%A0%B9/%ED%8F%90%EA%B8%B0%EB%AC%BC %EA%B4%80%EB%A6%AC%EB%B2%95

서치스(주), 〈데이터로 보는 생활폐기물 현황〉,《통합데이터지도》. https:// www.bigdata-map.kr/datastory/env/household-waste (검색 2022. 12.12.)

유한주, 〈온난화 저주…영구동토 녹아 '좀비 바이러스' 봉인 뜯기나〉,《연합뉴스》2022년 12월 4일자. https://www.yna.co.kr/view/AKR2022120 4007200009 (검색 2022.12.04.)

이동신, 〈Q: 지구 온난화는 자연의 문제인가? A: 생태문제 해결하려면 인간과 대립되는 '자연'개념 폐기해야〉,《문화일보》2019년 12월 10일자. http://www.munhwa.com/news/view.html?no=2019121001031412 000001 (검색 2022.12.10.)

이병준, 〈英 콜린스사전, 올해의 단어로 '락다운' 선정…"원래는 감옥 용어"〉,《중앙일보》2020년 11월 10일자, https://www.joongang.co.kr/article/ 23917103#home (검색 2022.11.17)

전준범, 〈1000년 뒤엔 '플라스틱 돌멩이'가 지질학 증거?〉,《동아사이언스》

2014년 6월 15일자, https://www.dongascience.com/news.php?idx=4646 (검색 2022.12.12.)

전치형, 〈[전치형의 과학 언저리] 콘크리트 앞에서〉, 《한겨레》 2021년 1월 13일자. https://www.hani.co.kr/arti/opinion/column/975791.html (검색 2022. 12. 10.)

현인아, 〈뉴스투데이 – [기후환경 리포트] 태평양 쓰레기섬에서 발견한 것··한국이 세계 3위, 1위는?〉, 《MBC뉴스》 2022년 12월 12일. https://imnews.imbc.com/replay/2022/nwtoday/article/6435371_35752.html (검색 2022.12.12.)

황승미 번역 · 요약, 〈인류가 만들어낸 무게〉, 《녹색아카데미》 2020년 12월 11일. https://greenacademy.re.kr/archives/8873 (검색 2022.12.11.)

"Human-Made Stuff Now Outweighs All Life on Earth", *Stephanie Pappas*. 2020.12.09. Scientific American.

Shanique Roberts, "Technofossils: Our Future Ancient Society", *Lectorate Design*, https://www.kabk.nl/en/lectorates/design/technofossils-our-future-ancient-society (검색 2022.12.12.)

제4장

초연결시대의 소리 공간과 글쓰기치료

| 홍 단 비 |

이 글은 《인문과학연구》 제75집(2022)에 실린 글을 수정 · 보완한 것이다.

초연결시대, 현대인들의 감각과 지각

4차 산업혁명과 초연결사회의 도래, VR(가상현실Virtual Reality) 기술 등의 발달로 현대인들은 기존에 경험하지 못했던 새로운 감각과 자극 속에 노출되어 살아간다. 특히 대부분의 시간을 컴퓨터와 스마트폰 · 인공지능과 연결되어 살아가는 현대인들은 화려하고 자극적인 스크린 속, 쉴 새 없이 삽입되어 있는 음악과 소리에 눈과 귀를 빼앗긴 채 넘쳐나는 감각 자극들을 받아들인다. 이렇듯 현대사회의 디지털 환경은 인간의 가장 근본적이고 기초적인 감각 체계를 자극하며, 따라서 우리는 가상세계의 작동 방식이 인간의 '감각'과 '지각'(인지) 속도에 깊이 개입되어 있다는 사실에 주목할 필요가 있다.

감각sensation은 환경의 물리적 특징을 특정 신경세포 내에서 전기화학적 신호로 변환하고 신호를 뇌에 보내는 지각 과정의 초기 단계를 의미한다. 각각의 세포는 특정 환경 요소를 전기화학적 신호로 변환하여 뇌에 보내도록 특수화된 세포와 조직 및 기관을 갖추고 있으며, 시각은 빛을 신호로 변환하고 청각은 소리를 신호로 변환한다.[1] 지각perception은 초기 감각 신호가 장면의 대상과 사건에 대한 정신적 표상을 형성하고 기억에 저장됨으로써 사고와 행동에 영향을 미치는 후반 단계를 나타낸다. 인간을 포함한 많은

---

[1] Steven Yantis · Richard A. Abrams, 《감각과 지각》, 곽호완 외 옮김, 시그마프레스, 2018, 2쪽.

복잡한 유기체에서 지각은 장면의 대상과 사건에 대한 의식적인 인식을 포함한다.[2] 감각과 지각 간의 명확한 경계선은 없지만, 감각기관이 대상이나 사건(원격 자극)을 감지하고 신경 신호를 뇌로 전달하면, 뇌 안에서 신경 신호는 의식적인 인식을 불러일으키고 생각과 계획, 기억력 및 행동 지침을 포함한 다양한 인지 활동의 기초를 제공한다.[3] 즉, 감각 자극 → 지각 → 인지의 과정을 거치는 것이다.

그런데 문제는 현대사회의 미디어 환경이 시각과 청각 등 특정 감각 체계에 편향되어 있으며, 감각적 자극들을 쏟아붓는 형식으로 작동한다는 것이다. 때문에 현대인들은 빠른 속도로 주입되는 감각 정보들을 충분히 인지하고 처리할 수 있는 시간이 턱없이 부족하다. 일방적이고 폭력적인 감각 자극의 홍수 속에서 현대인들은 능동적이고 주체적으로 감각 정보를 받아들이는 것이 아니라 일시적·수동적으로 감각 자극들을 소비할 뿐이며, 자신에게 들어오는 감각적 자극을 충분히 인지하거나 사유하지 못한 채, 또다시 몰려드는 감각 자극들을 맞이해야만 한다.

따라서 이 글에서는 '감각'과 '지각'의 과정 및 속도에 주목하고, 감각과 지각이 균형을 이룸으로써 좀 더 주체적이고 생산적으로 기능할 수 있는 방안을 모색해 보고자 한다. 우리가 감각하고 지각하는 방식은 우리가 세상을 보고 경험하고, 더불어 세상과 상호

---

2   Steven Yantis · Richard A. Abrams, 《감각과 지각》, 2쪽.

3   Steven Yantis · Richard A. Abrams, 《감각과 지각》, 4쪽 참조.

작용하는 중요한 조건이 된다. 그러므로 감각기관을 통해 입력되는 감각 자극들을 충분히 느끼고 지각한 후, 주체적으로 즐기며 사유할 수 있는 지혜와 방법이 필요하다. 감각과 지각, 인지의 속도를 늦추고 느리게 사고할 수 있는 방법, 본 논의는 그 해답을 '사운드스케이프soundscape'와 '글쓰기'에서 찾고자 한다.

우리의 지각과 지각이 불러일으키는 생각은 언제나 언어 형태의 서술을 동반하며, 글쓰기는 말을 지면이라는 공간에 고정함으로써 시간을 정지시킨다. 정지된 시간 속에서 우리는 글쓰기를 통해 과거의 기억과 이미지들을 자유롭게 불러올 수 있고, 객관적이고 주체적인 사고를 바탕으로 현재를 점검할 수 있으며, 구체적인 미래 또한 설계할 수 있다. 더불어 자기강화와 깊은 정서적 체험도 가능하며, 이는 곧 글쓰기의 치유적 힘과 연결된다. 그렇다면 글쓰기에 보다 집중할 수 있고 인지적 효과를 적극적으로 끌어올릴 수 있는 효과적인 감각적 자극은 어떤 것들이 있을까. 언어학자이자 미디어생태학자인 월터 옹Walter J. Ong은 시각 중심으로 세계를 바라보고 인지하는 '세계관'과 그 이전에 촉각과 청각 등 오감에 기반을 두었던 '세계 감각'을 대비시킨다. '세계관'이 시각 이외의 다른 감각을 배제하며 '눈앞에 펼쳐지는' 세계를 인지하고 해석하는 데 반해, '세계 감각'은 오감을 통해 현존하는 세계를 느끼고 경험하며 이해하도록 이끈다.[4] 자극적인 시감각에 익숙해진

---

4 월터 옹에 따르면 우리의 감각기관은 인지 경험과 사고 과정에 서로 다른 방식으로 작동한다. 그는 촉각, 미각, 후각, 청각, 시각의 순으로 대상과 물리적 거리를 갖게 되고, 시각

현대인들에게 시각 자극이 배제된 소리 자극은 세계 감각을 일깨우는 한편, 지각과 인지의 속도를 늦추는 데 도움을 줄 수 있다. 여기서 소리 자극이란 가사가 삽입되어 있는 노래나 전자음 등의 인공적인 것과는 구별되는, 우리의 삶에서 누구나 경험할 수 있는 일상의 소리이자 자연의 소리일 것이며, 이는 사운드스케이프 개념과 연관지을 수 있다.

사운드스케이프soundscape는 '소리sound'와 '경관landscape'의 복합어로, 1969년 미국의 도시설계학자 사우스워스Michael Southworth에 의해 연구된 개념이다. 사운드스케이프는 '생태계의 변화와 인간의 활동에 따라 시·공간적으로 다양하게 발생하는 생물, 대지, 인간의 소리 집합체'[5]를 바탕으로 특별한 소리 환경을 조성하는 것을 의미한다. 소리에는 다양한 정보가 담겨 있다. 소리는 과거의 특정한 대상이나 경험에 얽힌 기억과 이미지를 떠올리게 하며, 때때로 정보 이외에 슬픔과 기쁨, 그리움과 설렘 등의 감정 또한 발생시킨다. 이처럼 사운드스케이프는 사회적임과 동시에 정서적인 성질을 갖고 있으며,[6] 이는 글쓰기 과정에서 경험하게 되는 치유적인 요소와도 관련이 깊다.

쪽으로 갈수록 더 추상화되며, 더 형식화되고, 더 객관적이며, 더 비주관적이고, 실존과 분리되어 이상주의로 옮겨 갈 수 있다고 말한다. 반대로 촉각 쪽으로 갈수록 감각기관이 자극원에 근접하고, 구체적이며, 잠재력을 가지고, 선명하지 않으며, 주관적이고, 실존적 성격을 갖는다고 말한다. 이동후, 《월터 옹》, 커뮤니케이션북스, 2018, 59~62쪽 참조.

5   손민정 외, 《사운드스케이프로 배우는 감각적 음악교육》, 한국교원대학교 출판문화원, 2022, 8~9쪽.

6   손민정 외, 《사운드스케이프로 배우는 감각적 음악교육》, 10쪽.

따라서 이 글에서는 사운드스케이프를 활용한 글쓰기치료의 방법론과 그 가능성에 대해 모색해 보고자 한다. 인간의 지적 사고 과정과 표현 방식에는 인간의 감각기관이 크게 관여한다. 특히 억압된 무의식과 사건, 감정과 심상 등을 끌어올리고 글로 표출함으로써 결과가 아닌 과정을 중요시하는 글쓰기치료에서, 치유적 효과를 좀 더 극대화할 수 있는 감각적 장치는 더욱 유효하다. 소리는 우리를 둘러싸고 결합시키며, 우리가 아는 것과 우리를 연결시킴으로써 타인과 세계에 대해 많은 것을 알려 준다. 반면 글쓰기는 지각된 자극에 거리를 두고, 소리에 함축되어 있는 실존적인 맥락들을 해석하고 이해함으로써 우리를 둘러싼 세계에 대한 깊이 있는 통찰을 가능하게 한다. 더불어 지각 과정에서 이루어지는 감각의 통합, 그 과정에서 촉발되는 생각들과 언어로의 표현은 마음속의 다중 감각적 순간들을 이끌어 낼 수 있으며, 필요에 따라 상상 속에서 기억들을 조작하거나 재구성할 수 있다.[7] 따라서 이 글에서는 글쓰기치료에서의 감각과 공간, 사운드스케이프의 소리 정체성과 장소정체성에 대하여 충분히 논의할 것이다. 이를 바탕으로 대학생들의 소리 기억에 대한 사례를 근거 삼아, 글쓰기치료에 적합한 사운드스케이프의 소리는 무엇인지, 사운드스케이프와 접목 가능한 글쓰기 유형은 어떤 것인지, 글쓰기치료와 사운드스케이프를 접목할 경우 예상되는 감각적·인지적·치유적 효과는 무엇인지 등에 대해 살펴볼 것이다.

---

7   안토니오 다마지오, 《느낌의 진화》, 임지원·고현석 옮김, 아르테, 2019, 124쪽.

글쓰기치료에서의 감각과 공간

글쓰기치료는 글쓰기가 도구가 되어 치료의 목적을 이루는 것으로, "글을 쓰는 과정을 통해 마음의 상처를 찾아내고 그것을 다시 긍정적인 체험으로 수용하는 것"[8]을 의미한다. 여기서 글쓰기란 거창하거나 수려한 문학작품을 창작하는 것이 아닌, 일상적인 메모나 자신의 생각 등을 글로 옮기는 행위를 포함하며, 자신의 억압된 정서 등을 표현하고 글쓰기 과정을 통해 자신의 내면을 탐색하는 것을 의미한다. 글쓰기치료는 인문학적 지식뿐만 아니라 정신분석학·분석심리학·뇌신경과학 등 다양한 분야의 이론을 바탕으로 하며, 실제 글쓰기치료의 장에서 가장 많은 영향을 미치는 이론적 배경은 프리츠 펄스Fritz Perls의 게슈탈트 이론이다.[9] 게슈탈트 이론은 실존주의 철학과 현상학에 뿌리를 두고 있으며, '지금-현재', '지금-여기'의 상황과 감정을 중시한다. 특히 인간을 부분들의 집합 이상인 전체적인 존재로 규정하는 게슈탈트 이론에서는 인간의 신체·정서·사고·감각·지각의 기능이 서로 연결되어 있고, 인간은 자신의 모든 감각과 사고·감정·지각을 충분히 인식할 수 있는 잠재력을 가진 존재임을 강조한다. 게슈탈트 상담의 핵심 개념 중 하나는 바로 '알아차림'이며, 이는 글쓰기치료의 현장에서도 효과적인 치료 동인으로 작용한다. 알아차림이란 "첫

---

8   채연숙, 《글쓰기치료》, 경북대학교출판부, 2010, 24쪽.
9   채연숙, 《글쓰기치료》, 38~41쪽 참조.

째, 자신의 존재에 닿을 수 있고 자기 주변이나 내부에서 무엇이 일어나고 있는지를 인식하며 환경과 타인 및 자신과 연결할 수 있는 능력, 둘째, 자신이 느끼고 있는 것, 감각하는 것 혹은 생각하는 것을 아는 것, 셋째, 바로 이 순간에 자신이 어떻게 반응하고 있는지를 아는 것이다."[10] 글쓰기치료에서는 참여자 스스로가 자신의 현재 상태나 현재의 감정과 정서 등을 알아차리는 것이 중요하며, 이를 위해 도입 부분에서 자신의 감각에 집중할 수 있는 활성화 기술들을 사용하기도 한다. 감각의 활성화는 긴장 완화에 도움이 될 뿐만 아니라 실존적 존재, 세계 내 존재로서 '감각하는 나'를 인식하고, 글쓰기를 통해 깊은 정서적 체험과 자기탐색이 가능하도록 이끌기 때문이다.

글쓰기치료의 도입부에 주로 사용되는 감각의 활성화 기술로는 향(초) 태우기 · 음악 감상 · 명상 · 선 긋기 · 가벼운 몸동작과 즉흥 퍼포먼스 등이 있으며, 활동에 소극적이거나 방어적인 참여자들을 위해 선호되는 방법은 잔잔한 음악을 틀어 놓고 눈을 감고 명상을 하는 것이다. 이때 권장하는 방법은 고요한 상태에서 명상과 호흡을 통해 자신의 감각에 집중하는 것인데, 이는 불교 수행에서 기원한 '마음챙김mindfulness' 명상과도 유사하다. 적극적인 글쓰기에 앞서 참여자들은 콧구멍 · 가슴 · 복부 등 호흡에 관여하는 공기의 흐름을 느끼고 근육의 움직임을 관찰하며, 호흡이 일어날 때마다 그 특정 부위에서 동반하여 일어나는 감각에 의식을 집

---

10 김춘경 외, 〈게슈탈트 상담〉, 《상담과 이론의 실제》, 학지사, 2016, 263~266쪽 참조.

중함으로써, 정서적으로 혼란스럽거나 마음이 번잡할 때 내적 평온함과 균형감을 되찾을 수 있다. 더불어 내가 감각 자극으로부터 영향을 받는 방식과 감각 상태의 경험을 이해할 수 있다.[11]

감각이 예민하게 될 때 감정은 더욱 정확해진다. 그리고 차례로 이것은 더 깊이 있는 생각과 가치를 자각하도록 이끈다.[12] 글쓰기치료에서 감각적 경험이 중요한 이유는 바로 이 때문이며, 따라서 감각적 체험과 치유적 효과를 극대화할 수 있는 공간 및 환경 조성이 필요하다.

그동안 글쓰기치료에 관한 국내외 연구들은 실제적인 글쓰기치료의 기술과 종류, 방법론에 초점을 맞추어 왔을 뿐, 글쓰기치료의 환경,[13] 특히 글쓰기치료의 공간에 대한 논의는 충분히 이루

---

[11] 때문에 감각 개념을 규정함에 있어 감각되는 대상보다 감각이 이루어지는 실제 상황과 순간에 대한 주의 깊은 현상학적 관찰이 최우선적으로 요구된다. 메를로 퐁티, 《지각의 현상학》, 류의근 옮김, 문학과지성사, 2002, 37쪽, 39쪽.

[12] 감각과 감정은 신체적이고 정서적인 경험과 관련이 있는 반면, 생각은 지적으로 어떤 것을 설명하려고 시도하는 것이고, 직관은 우리의 경험에 대한 도덕적 평가이다. 세계 내 존재의 이 모든 여러 차원에 채널을 맞추는 법을 배우는 것이 가장 유용하다. 감각은 우리의 경험에 대한 물리적 차원, 감정은 사회적 차원, 생각은 개인적 차원, 직관은 영적 차원과 관련된다. Emmy van Deurzen · Martin Adams, 《실존주의 상담 및 심리치료의 기술》, 이동훈 외 옮김, 학지사, 2020, 161쪽,

[13] 심리치료의 영역에서는 다음과 같은 요소들을 '치료 환경'의 영향 요인으로 분류한다.

영향 요소	요인
소음	자동차 소리, 대화 소리 등
공기 질	온도 및 습도, 통풍, 공기 순환 등
프라이버시	외부에서 보여지는 내부 환경
조명/채광	빛의 밝기
색채	벽지, 바닥, 가구 등의 색상
마감재	벽면, 바닥, 천장, 가구, 직물, 텍스처에서 보여지는 다양한 질감

우상현 · 윤은경, 〈사운드스케이프 특성에 의한 치료증진으로서 심리치료센터 공간 계획 연구〉, 《한국실내디자인학회 학술발표대회논문집》 제23권 1호, 2021, 148쪽 참조.

어지지 못했다.[14] 학술적인 영역으로서 글쓰기치료가 정립된 역사가 짧은 이유도 있겠지만, 가장 큰 이유는 물리적 글쓰기와 글쓰기 행위 자체의 치유적 효과에만 주목해 왔기 때문일 것이다. 글쓰기치료에서 주로 언급되는 공간은 장소로서의 공간, 즉 글쓰기에 적합한 '물리적 공간'이다. 글쓰기치료를 위해서는 외부와 단절된 조용한 곳, 소음이 없는 한적한 곳, 편안함과 안전함을 느낄 수 있는 곳, 자연과 가까이 접할 수 있는 곳 등이 선호된다. 그동안 겪어 온 다양한 문제와 부정적 요소들로부터 적절한 거리두기가 가능하고, 조용히 자기 자신에게 몰입할 수 있는 물리적 공간이 요구되기 때문이다.

공간은 우리가 살아가는 세계를 구성하는 가장 기본적인 요소이며, 우리가 살고 있는 공간은 균질적이고 텅 비어 있는 것이 아닌 다양한 성질들로 가득 차 있다. 공간은 하나의 형태로 고정되어 있는 것이 아니라 개별적이고 사적인 단위, 상대적인 고정성과 움직임 등 다양한 요소들이 서로 영향을 주고받는 과정 속에서 생성되며, 인간의 활동은 공간 속에서 실천적인 현실이 되고, 이로 인해 구체적인 존재감을 획득할 수 있다.[15] 지리학자 에드워드 렐프

---

14 글쓰기치료의 공간에 대한 선행 연구로는 홍단비(〈팬데믹 시대, '공간'을 주제로 한 글쓰기치료 수업 모형 연구〉, 《문학치료연구》 제62집, 한국문학치료학회, 2022, 161~196쪽)의 연구가 있다. 위의 논의에서는 글쓰기치료의 공간을 세 가지로 구분하는데, 첫째는 글을 쓸 수 있는 '장소로서의 공간', 둘째는 과거의 기억과 새로운 기억을 재구성하고 재정리 할 수 있는 '내면의 공간', 셋째는 자신의 생각과 감정들이 옮겨지는 노트·종이 등의 '표현 공간'이다.

15 앙리 르페브르, 《공간의 생산》, 양영란 옮김, 에코리브르, 2019, 192쪽.

Edward Relph는 공간을 원초적 공간, 지각 공간, 인지 공간, 추상 공간, 실존 공간, 건축과 계획 공간으로 구분 지어 설명한다.[16] 지금까지 글쓰기치료의 공간은 '물리적 공간'에만 한정되어 설명된 경향이 있지만, 좀 더 다양하고 폭넓은 측면에서 논의될 필요가 있다. 공간의 가능성은 무한하며, 글쓰기치료에서 자신의 심연으로 들어가 스스로를 위한 언어들을 퍼 오고, 자신에 의한 은유와 상징 등을 만들어 낼 수 있는 내면의 공간은 매우 중요하기 때문이다.

따라서 이 글에서는 글쓰기치료의 '감각'과 '공간'에 주목하여, 주로 도입부에서 행해지던 감각의 활성화 기술이 글쓰기 활동 내내 지속적인 영향을 미칠 수 있는 방안, 지각 공간과 인지 공간·실존 공간 등 그동안 충분히 고려되지 않았던 글쓰기치료에 효과적인 공간 구현 방안 등을 논의하고자 한다. 이를 위해 '사운드스케이프'의 개념과 방법론을 접목해 보려 한다.

사운드스케이프의 소리정체성과 장소정체성

사운드스케이프는 1969년 미국의 도시설계학자 사우스워스가 '소리sound'와 '경관landscape'을 조합하여 만들어 낸 개념으로, 자연음이나 인공음을 제어하여 조성하는 '소리 환경'을 의미한다. 여기서 소리란 우리가 살아가는 데 존재하는 '생물의biological', '대

---

16 에드워드 렐프, 《장소와 장소상실》, 김덕현 외 옮김, 논형, 2021, 40~47쪽 참조.

지의geophysical', 인간의anthrophogenic' 소리 집합체를 의미하며 생태계의 변화와 인간의 활동에 따라 시·공간적으로 다양하게 발생하는 '소리 생태계'[17]를 뜻한다. 1970년대 캐나다의 음악교육학자 셰이퍼R. Murray Schafer와 미국의 생태음향 작곡가 크라우스Bernie Krause는 소음 문제와 지구환경 문제에 기인한 '환경음'과 '일상적 소리'에 주목하여 이를 사운드스케이프 개념으로 적극 발전시켰으며, 이후 사운드스케이프는 현대의 예술사상과 생태학뿐만 아니라 도시·사회·환경을 둘러싼 다양한 사상과 활동, 디자인 등에 영향을 미치고 있다.[18] 우리나라에서도 2000년대 이후 도시계획과 환경계획, 지역재생을 위한 마을 건설, 관광지 및 문화공간 디자인 등에 사운드스케이프 개념이 적극 활용되고 있으며, 청각적 요소들을 고려한 새롭고 다채로운 건축·문화 공간들이 생겨나고 있다.

월터 옹은 "시각은 정확성을 주지만 친밀성이 부족하다. 촉각은 친밀하지만 명료한 정의가 부족하다. 그러나 소리는 동태·행위·시간 내 존재의 세계를 재현하며, 다른 감각 자극들보다도 복잡하고 풍부하게 이들을 보완한다. 소리는 탁월한 과정 감각이다"[19]라고 주장한 바 있다. 공간 안의 '소리'를 중심으로 하는 사운드스

---

17 손민정 외, 《사운드스케이프로 배우는 감각적 음악교육》, 8~9쪽 참조.

18 결국, 음의 세계를 종래의 물리적 차원과 심리적 차원에 있어서뿐 아니라, 지리적·사회적·문화적·역사적·미학적 그 외에 다양한 차원과의 관련으로부터 문제로 하는 것 또는 그것을 가능하도록 하는 것이 사운드스케이프의 의의이다. 신용규, 〈소쇄원의 사운드스케이프〉, 동신대학교 대학원 석사학위논문, 2005, 4쪽, 7쪽.

19 이동후, 《월터 옹》, 59쪽 재인용.

초연결시대의 소리 공간과 글쓰기치료 |

케이프는 시각적 풍경 너머의 청각적·음향생태학적 요소들을 모두 함축하며, 실제적이고 실존적인 경험적 소리 요소들을 통하여 풍부한 감각적 자극과 공간감을 형성한다. 우리가 풀벌레 소리를 들었을 때, 청각적 요소뿐만 아니라 여름밤의 시원함(촉각)과 밤공기, 풀 냄새와 같은 후각적 요소 등을 함께 체험할 수 있는 것이 좋은 예가 될 것이다. 이처럼 사운드스케이프는 자연 생태계의 소리, 일상의 소리를 바탕으로 실존적 소리 환경을 조성함으로써 공간 안의 사람들로 하여금 자신의 기억과 관련된 시각·촉각·후각·미각적 감각들을 함께 떠올리고, 잊고 있었던 과거의 경험을 불러와 지금-여기에서 재체험할 수 있게 한다. 이때 공간은 일관되고 평범한 공동체의 공간이 아닌, 다른 사람들과는 구별되는 개인만의 특별하고 소중한 공간으로 재탄생하게 된다.

더불어 경험적 요소를 바탕으로 한 실존적 소리 환경은 개인의 정체성 형성에도 크게 관여한다. 정체성이란 개인의 본질, 나아가 인간의 본질을 의미한다. 정체성은 한 개인이 가지는 특성과 성격뿐 아니라 사회적 관계, 역할, 속해 있는 사회집단 등을 통해 그 사람이 누구인지를 말해 주며, 시간의 흐름에 따라 사회 속에서 다양한 모습으로 존재하는 '통합된 나'를 의미한다.[20] 사우스워스는 개인의 정체성을 구성하는 데 '소리'가 큰 역할을 차지한다고 주장한다. 가령 교회의 종소리·공장의 기계 소리·놀이터에서 아이들이 뛰어노는 소리·뻐꾸기 울음소리·개구리 울음소리 등을

---

20 곽금주, 《발달 심리학》, 학지사, 2021, 280쪽 참고.

들으면 자신이 태어난 고향과 어린 시절 자란 마을 등을 떠올리게 되는데, 이때 과거의 기억과 경험을 떠올리도록 만드는 소리가 곧 '소리정체성'이자 사운드스케이프가 되는 것이다.[21] 이처럼 사운드스케이프는 소리에 얽힌 과거의 기억들을 통해 소리정체성을 형성함으로써 과거부터 현재까지 이어지는 삶의 흔적들을 되돌아보게 한다. 더불어 사운드스케이프는 실존적 소리 공간을 통해 '장소정체성' 또한 경험하게 한다.

장소정체성이란 특정한 장소에 있을 때, 이와 관련하여 드러나는 기억·인식·해석·생각 등을 의미한다. 에드워드 렐프는 장소정체성을 형성하는 세 가지 요소를 물리적 환경, 인간의 활동, 그 공간의 의미로 보았으며, 이 중 인간의 장소정체성 형성에 가장 큰 영향을 미치는 것은 개인의 의도와 경험을 속성으로 하는 '의미'임을 강조하였다.[22] 모든 인간은 자신이 경험한 특정한 장소에 개별적인 의미를 부여함으로써 장소정체성을 형성하고, 그곳에 애착을 투영한다. 앞서 말한 대지의 소리(빗소리, 바람 소리, 실개천 소리 등)와 생물의 소리(새소리, 귀뚜라미 소리, 소 울음소리 등), 인간의 소리(아기 울음소리, 엿장수 소리, 운동장의 함성 소리 등) 등은 우리의 머릿속에 독특한 '장소성'을 부여함으로써 소리와 관련된 과거의 장소 이미지를 각인시킨다. 이를 통해 우리는 잊고 있었던 추억의 공간과 자신에게 의미 있던 장소를 재인식할 수 있는데, '개인적이고

---

21 손민정 외, 《사운드스케이프로 배우는 감각적 음악교육》, 8쪽.
22 에드워드 렐프, 《장소와 장소상실》, 112~114쪽 참조.

심오하게 의미 있는 장소와의 만남'(토포필리아Topophilia)[23]은 현재 자신의 모습과 존재감에 대한 긍정으로 연결될 수 있다.

이처럼 사운드스케이프는 우리의 삶과 밀접한 소리 환경을 조성함으로써 공간 안의 사람들로 하여금 더욱 풍성하고 다양한 감각적 체험을 가능하게 하고, 소리와 장소에 얽힌 과거의 기억과 이미지들을 떠올리게 함으로써 과거의 경험을 재체험하도록 한다. 뿐만 아니라 실제적이고 실존적인 소리 경험은 공간에 모인 사람들에게 친숙함과 편안함, 심리적 안정감[24] 등의 치유적인 요소를 제공할 수 있다. 여기서 '치유적'이란 '소리를 통한 직접적인 치료(치유)'를 목적으로 하는 음악치료, 사운드 테라피sound therap[25]와는 구별되는 것으로, 사운드스케이프는 치유가 주목적이 아닌, 특별한 공간감을 조성함으로써 공간 안의 사람들로 하여금 다양한 감각적 · 정서적 · 인지적 체험을 가능하게 하는 것이 주목적임을 주지할 필요가 있다.

....

23 에드워드 렐프는 《장소와 장소상실》에서 토포필리아(장소애)를 이와 같이 정의하였다.

24 요즘 유튜브나 팟캐스트에서 유행하는 콘텐츠 중 하나는 ASMR (Autonomous Sensory Meridian Response: 자율감각 쾌락 반응)을 이용한 소리 콘텐츠이다. ASMR은 주로 청각 자극을 이용하여 심리적 안정감이나 쾌감 등의 감각적 체험을 제공하는 것을 의미한다. 장작 타는 소리, 바람 부는 소리, 나뭇잎이 바스락거리는 소리, 책장 넘기는 소리 등을 예로 들 수 있다. 청각적 자극의 경우 귀에 쉽게 익숙해지고 안정감을 준다는 점에서 백색소음과도 유사하다. ASMR이 스트레스를 줄이고 심리적 · 신체적 만족감을 준다고 알려졌으나, 과학적 근거는 확인되지 않았다. ASMR은 정서적으로 가벼운 행복감이나 만족감, 편안함, 안정감 등을 제공한다.

25 소리를 통해 심신의 안정과 치유를 돕는 전문 영역으로는 대체의학의 한 종류인 '사운드 테라피'를 들 수 있다. 사운드테라피는 일정한 주파수 대의 음역을 반복하여 들려줌으로써 뇌파를 안정적으로 유지시키고 고도의 집중력을 발휘할 수 있도록 유도하는 기술이다. 적절한 음향과 진동을 통해 인체의 균형을 잡고, 이로 인해 적절한 호르몬이 분비되

이에 대학생들의 소리 기억에 대한 사례를 바탕으로 글쓰기치료에 적합한 소리 자극들은 어떤 것이며 그 특징은 무엇인지, 사운드스케이프와 접목 가능한 글쓰기치료의 유형은 무엇인지, 글쓰기치료와 사운드스케이프를 접목했을 때 예상되는 감각적·인지적·치유적 효과는 무엇인지에 대하여 구체적으로 살펴보고자한다. 이를 통해 실제 글쓰기치료 현장에서 사운드스케이프를 도입하기에 앞서 중요하게 고려해야 할 요소를 확인하고, 보완이 필요한 부분들 또한 함께 검토해 볼 것이다.

사운드스케이프를 활용한 글쓰기치료의 예비적 고찰

글쓰기치료에 적합한 사운드스케이프 소리 탐색

글쓰기치료에서 사운드스케이프를 적용하기 위해서는 어떠한 소리 자극들이 사람들의 기억 속에 인상 깊이 남아 있는지, 소리가 어떠한 과거의 기억들을 불러일으키는지 등을 우선적으로 검토해 볼 필요가 있다. 개인이 살아온 환경과 경험에 따라 소리 기억은 매우 다양하고 복잡하기 때문이다. 사운드스케이프에 적합한 소

어 스트레스 해소에 많은 도움을 줄 수 있으며 긴장 완화, 불안감 해소, 몸과 마음의 안정감을 주어 심신을 다스리는 효과가 있다. 대표적인 방법으로는 튜닝 포크, 크리스털, 금속 싱잉볼, 소리굽쇠, ASMR, 노치필터Notch Filter 등을 들 수 있다. 강구미, 〈사운드 테라피가 정신건강에 미치는 영향〉, 한양대학교 대학원 석사학위논문, 2020, 5~23쪽 참조.

리들이 무엇인지를 알아보기 위해, 강원도 소재 K대학교 〈학술적 글쓰기와 발표〉 수강생 48명에게 사운드스케이프의 뜻과 활용성에 대하여 간략히 설명한 후, 각자의 삶에서 '가장 인상적이었던 소리 기억'에 대하여 적어 보도록 하였다. 앞서 살펴본 사운드스케이프의 정의에 따라 가장 기억에 남는 '생물(생명체)의 소리', '대지(자연)의 소리', '인간(활동)의 소리', 세 가지 항목으로 구분 지어 활동지를 작성하도록 하였다. 학생들의 기억 속에 깊이 각인 되어 있는 소리 경험들을 정리해 보면 다음과 같다.

생물(생명체)의 소리	개구리 울음소리, 매미 울음소리, 귀뚜라미 소리, 맹꽁이 소리, 뻐꾸기 소리, 참새 소리, 부엉이 소리, 모기 소리, 오리 소리, 고양이 골골송 소리, 수탉 울음소리, 병아리 소리, 풀벌레 소리, 고라니 소리 등
대지(자연)의 소리	빗소리, 바람 소리, 바닷소리, 파도 소리, 계곡물 소리, 폭포 소리, 나뭇잎 밟는 소리, 눈 밟는 소리, 나무 흔들리는 소리, 천둥소리 등
인간(활동)의 소리	놀이터에서 뛰노는 아이들 소리, 물건 파는 트럭의 확성기 소리, 갓난아기의 울음소리, 아기의 옹알이 소리, 운동장 응원 소리, 필기하는 소리, 책장 넘기는 소리, 나를 깨우는 엄마 목소리, 엄마가 밥 짓는 소리, 사람들 떠드는 소리, 시장통 소리, 군대 제식 소리, 휘파람 소리, 칭찬 소리, 사랑해 라는 고백 소리 등

정리한 내용을 살펴본 결과, 개인이 살아온 환경과 삶의 경험들 이 모두 다르기 때문에 학생들의 인상적인 소리 기억 또한 제각각 다를 것이라는 예상과는 달리, 몇 가지 소리로 수렴되는 것을 확

인할 수 있었다. 특히 생물(생명체)의 소리와 대지(자연)의 소리가 그러했는데, 소리에 얽힌 각자의 사연들은 모두 달랐지만 소리의 종류는 비교적 한정적이었다. 학생들이 주로 언급한 가장 인상적인 생명체의 소리는 '매미 소리'(10명)와 '개구리 소리'(8명), '귀뚜라미 소리'(6명), '고양이 골골송 소리'(5명) 순이었으며, 자연의 소리는 '바람 소리'(13명), '빗소리'(11명), '바닷가 파도 소리'(11명), '계곡물 소리'(8명) 순이었다. 인간의 소리는 비교적 다양하게 나타났는데 그중 많이 언급된 소리는 '운동장의 응원 및 함성 소리'(5명)와 '아이들이 뛰어노는 소리'(4명), '물건 파는 트럭의 확성기 소리'(4명) 등이었다.

위의 사례는 20대 초·중반의 대학생들을 대상으로 알아본 소리 기억이다. 비교적 젊은 20대를 대상으로 한 소리 기억이라 세대별 차이를 염려했지만, 걱정과는 달리 학생들이 주로 언급한 소리들은 '고양이 골골송'을 제외하고는 연령대의 구분 없이 인간이 살아가며 경험할 수 있는 소리였다. 위의 활동지를 분석하며 가장 주목한 사실은 단순히 인상적인 소리를 묻는 질문이었음에도 불구하고, 많은 학생들이 소리에 얽힌 개인의 이야기들을 덧붙여 서술했다는 점이다. 몇 가지 예를 들면 다음과 같다.

> 어렸을 때, 가을 즈음에 유성이 많이 떨어지는 어느 날, 가족·친척들과 시골로 캠핑을 갔던 적이 있다. 그날 저녁 사촌 형들과 풀밭에 돗자리를 깔고 누워 들었던 고요한 분위기 속의 가을 벌레 소리를 아직도 잊지 못한다. (기계시스템공학, 김○○)

처마 끝에서 떨어지는 빗소리이다. 어렸을 적 시골에 갔을 때 비 오는 처마 밑에서 누나들과 놀거나 새끼 강아지들과 놀았던 게 생각 나기도 하며, 빗소리를 들으면 마음이 평온해지고 과거의 향수를 느낄 수 있어서 그런 것 같다. (기계시스템공학, 조ㅇㅇ)

매미가 맴맴거리는 소리가 기억에 남는다. 여름방학에 할머니 댁에 가서 낮잠을 잘 때 매미 소리가 들렸던 것이 기억이 난다. 따뜻한 햇빛과 할머니 댁의 정겨운 향에 취해 자다가 어렴풋이 매미 소리가 날 깨웠었다. 이 평화로운 분위기가 좋아서 기억에 남는다. (전자정보통신공학, 이ㅇㅇ)

어릴 적 아파트 놀이터에서 들었던 아이들이 뛰어노는 소리가 아직도 남아 있다. 따뜻한 봄 날씨의 저녁 6시, 노을이 예쁘게 지고 있고, 날씨는 선선하며, 저녁을 먹기 전의 그 모습에 들었던 소리가 너무 포근하고 좋았기 때문이다. (기계시스템공학, 김ㅇㅇ)

해외여행으로 휴양지를 갔을 때 쉽게 잠에 들지 못하고 가라앉은 기분으로 숙소에 있다가, 나도 모르게 밖으로 나와 바로 앞에 있는 캄캄한 새벽 바다를 구경했다. 바닷소리가 끊임없이 나를 간지럽히는 기분이었는데 마치 나의 마음을 위로해 주는 것 같았다. (기계시스템공학, 최ㅇㅇ)

학생들은 인상적인 소리를 떠올리며 당시의 계절적 배경, 구체적인 상황과 사건, 함께했던 사람들과 주변 풍경들, 그리고 그 소리가 인상적인 이유까지 세세히 적어 내려갔다. 소리 기억에 주목하여 지나간 과거를 회상한 학생들의 글에는 '기쁨', '행복감', '편안함', '평화로움', '고요함', '그리움', '아쉬움' 등의 정서가 함축되어 있었으며, 위의 사례에서 필자가 강조한 부분을 통해 알 수 있듯 소리 기억과 더불어 시각적·촉각적·후각적 감각 기억들도 함께 떠올렸음을 확인할 수 있었다.[26]

신경과학자이자 감정 연구의 권위자인 안토니오 다마지오Antonio Damasio는 "소리는 별개의 이미지 흐름이 통합되어 한층 더 풍부한 외부 및 내부 세계에 대한 현실 이야기를 생성한다. 주로 시각·청각·촉각과 관련된 이미지의 통합이 마음을 풍부하게 하며, 통합은 다양한 형태를 띤다. 이미지의 통합은 다수의 감각적 관점에서 받아들이는 신호로 하나의 대상을 만들어 낼 수 있고, 또한 일정한 시간과 공간 속에서 사물들과 사건들을 서로 연결해서 일종의 의미 있는 서사를 만들어 낼 수 있다"[27]고 주장하였다. 위의 글에서도 확인할 수 있듯이 학생들은 소리 경험을 떠올리며 그동안 잊고 있었던 다양한 과거의 사건들을 의식화하였고, 그때의 소리 기억

----

26 우리가 어떤 경험을 할 때마다 신경계에 새겨진 그때의 감각과 감정은 마치 몸에 새겨진 표식처럼 그 사건에 대한 기억과 관계를 유지한다. 감각과 감정은 신경계에 생물학적 잔재를 남기며 신체의 변화를 가져오는데, 이런 감정적 잔재를 신체표지somatic marker라고 부르며, 거울신경이 다른 사람의 경험을 시뮬레이션하는 것처럼 신체표지는 우리 자신의 과거 경험을 시뮬레이션한다. 엘리에저 스턴버그, 《뇌가 지어낸 모든 세계》, 조성숙 옮김, 다산사이언스, 2019, 160~161쪽 참조.

27 안토니오 다마지오, 《느낌의 진화》, 126쪽.

과 관련해 다양한 시각적·촉각적·후각적 기억들 또한 함께 이끌어 내어 더욱 풍부한 이야기들을 만들어 냈다.

지금까지의 논의를 종합해볼 때, 사운드스케이프의 적절한 소리 자극들로는 매미·귀뚜라미·개구리 울음소리 등과 같이 '계절성'을 대표하는 생명체의 소리, 빗소리·바람 소리·천둥 소리 등과 같이 '날씨'와 관련된 대지의 소리, 바닷가·계곡 등과 같이 '휴가/장소성'과 관련된 자연의 소리, 운동장·시장·놀이터 등 '군중/장소성'을 대표하는 인간의 소리 등을 들 수 있다. 이상의 소리들은 살면서 누구나 경험할 수 있는 자연의 소리이자 일상의 소리이다. 글쓰기치료의 공간에 위의 소리들을 사운드스케이프로 적극 활용한다면, 참여자들은 잊고 있던 소리 기억들을 떠올림으로써 다양한 정서적 체험을 경험할 수 있고, 시각·청각·후각·미각·촉각 등 내면의 감각 기억들을 활성화함으로써 좀 더 풍부하고 편안한 글쓰기 정서를 마련할 수 있을 것이다. 더불어 친숙하고 정감 있는 소리 자극은 글쓰기에 대한 심리적 저항과 거부감을 줄여 줄 수 있을 것이며, 참여자들의 긴장 완화와 몸과 마음의 통합에도 긍정적인 영향을 미칠 수 있을 것이라 기대한다.

사운드스케이프에 효과적인 글쓰기 유형 탐색

앞선 논의들을 토대로 사운드스케이프와 접목할 수 있는 글쓰기 치료의 유형에 대하여 논의해 보고자 한다. 사실 소리 자극에 효과적인 글쓰기치료의 종류와 형식 등을 명확히 규정 짓기는 어렵다. 신체적 질병에 걸렸을 때 병명에 따라 약을 처방하듯, 마음의 병이 왔을 때 증상에 적합한 글쓰기 종류를 처방할 수는 없기 때문이다. 글쓰기치료는 정해진 형식과 틀이 있다기보다는 참여자의 상태와 치료사의 역량 및 판단에 따라 글쓰기 종류가 다양해질 수 있음을 주지해야 한다. 다만 지금까지 논의되어 온 글쓰기치료의 유형들을 정리해 보면 글의 성격에 따라 '시적 글쓰기Poetry Therapy'와 '일상적 글쓰기Journal Therapy', 또는 '문학적 글쓰기'와 '비문학적 글쓰기'로 구분 지을 수 있으며, 전자로는 시·산문·시조·체베나 쓰기·마인드맵·하이쿠·난센스 시 등을, 후자로는 일기나 자기 분석 메모·편지·유서 쓰기 등을 들 수 있다.[28] 이를 표로 정리하면 다음과 같다.

시적 글쓰기/ 문학적 글쓰기	시, 산문, 시조, 체베나 쓰기, 마인드맵, 하이쿠, 난센스 시 등
일상적 글쓰기/ 비문학적 글쓰기	일기, 편지, 유서 쓰기, 자기 분석 메모 등

좀 더 전문적이고 체계적인 글쓰기치료의 유형 및 방법으로는 캐슬린 애덤스Kathleen Adams의 '저널 도구상자Journal tool box'를 들 수 있다. 저널 도구상자는 '일상적 글쓰기/비문학적 글쓰기'의 하나인 '저널치료'에서 쓰이는 기법들을 한데 모아 놓은 것으로, 삶에서 대면하는 여러 가지 문제들을 해결하고 자아 찾기를 위해

---

28 채연숙, 《글쓰기치료》, 48~49쪽 참고.

초연결시대의 소리 공간과 글쓰기치료 |

고안해 낸 글쓰기 형식들이 아래와 같이 자세히 정리되어 있다.

캐슬린 아담스의 〈저널 도구상자〉[29]

① 스프링보드
② 인물묘사
③ 클러스터 기법
④ 순간포착
⑤ 대화
⑥ 100가지 목록 작성
⑦ 의식의 흐름

⑧ 징검다리
⑨ 타임캡슐
⑩ 오늘의 주제
⑪ 보내지 않는 편지
⑫ 관점의 변화
⑬ 꿈과 심상(이미저리)

그렇다면 사운드스케이프의 소리 자극에는 어떤 유형의 글쓰기가 좀 더 효과적일까. 소리 자극이 인간의 감각을 활성화하고 긴장을 완화시킨다는 점에서는 대부분의 글쓰기에 영향을 미칠 수 있겠지만, 앞서 살펴보았듯 자연의 소리, 일상의 소리를 바탕으로 구성되는 사운드스케이프는 소리에 얽힌 '개인의 소중한 경험'들과 '잊혀진 기억'[30]들을 다시 재생시킨다는 점에 주목해야 한다. 특히 학생들은 인상적인 소리 기억을 떠올리며 당시의 구체적

---

29 캐슬린 아담스, 《저널치료》, 강은주 · 이봉희 옮김, 학지사, 2006, 100~255쪽 참조.
30 우리의 기억은 분자 수준에서 일어나는 화학적 변화에 의해 만들어지는 것이 아니라 신경 회로의 사슬에서 일어나는 일시적 변화에 의해 만들어진다. 그 변화는 개별적으로 일어나는 것이든 우리 마음속에 흘러가는 서사의 일부이든 모든 종류의 감각에 관한 정교한 이미지와 연관되어 있다. 시각적, 청각적 지각으로 형성된 이미지의 기억은 있는 그대로의 이미지를 '신경 암호'로 변환하는 방식으로 만들어진다. 나중에 이미지 기억을 소환할 때에는 반대로 이 암호로부터 어느 정도 완벽한 이미지가 재구성된다. 안토니오 다마지오, 《느낌의 진화》, 130쪽 참조.

인 상황과 사건, 시간과 장소, 함께했던 사람들, 느낌과 정서 등을 비교적 생생하게 글로 표현하였는데, 현재의 시점에서 재구성된 과거의 기억과 이미지의 서술을 통해 현재 학생들의 욕망과 결핍은 무엇인지, 개인이 소중히 여기는 인생의 가치, 의미 있는 인생의 사건들은 무엇인지 등을 확인할 수 있었다.

엄마가 책 읽어 주시는 소리가 가장 기억에 남는다. 어렸을 때 자기 전에 엄마가 항상 책을 읽어 주셨다. 엄마가 힘들다고 하셔도 떼를 쓰면서까지 책을 읽어 달라고 졸랐다. 엄마가 책을 읽어 주시면 시작한 지 몇 분 지나지 않아 금방 잠이 들곤 했다. (전자정보통신공학, 김○○)

어릴 적 어머니가 부엌에서 요리할 때 들려오던 달그락거리는 소리와 지글지글 소리, 전기밥솥 소리, 거실에서 들려오는 TV 소리가 기억에 남는다. 그 소리를 듣고 있으면 마음이 편해졌다. (전자정보통신공학, 권○○)

초등학생 때, 놀다가 방에서 잠이 들면 밥 먹으라고 나를 깨우는 엄마의 목소리가 인상적으로 남아 있다. 가끔 일어나지 않으면 엄마가 소리를 치기도 했지만 대부분 다정하게 나를 깨워 주셨다. 뛰어놀고 들어와 낮잠을 자던 그 시간이 정말 좋았다. (전자정보통신공학, 이○○)

부모님이 나를 부르는 목소리가 가장 인상적이다. 언젠가는 듣지 못하게 될 것이기 때문이다. (기계시스템공학, 서○○)

소리 안에는 개인의 스토리가 녹아 있다. 그리고 개인의 이야기는 글쓰기를 통해 실체화되고 의식화된다. 위의 글에서 확인할 수 있듯, 학생들은 가장 인상 깊은 소리 기억으로 책을 읽어 주거나 나를 깨우던, 요리를 하며 달그락거리던 '엄마의 (목)소리'를 떠올렸으며, 그 이면에는 편안함과 행복함, 그리움과 아쉬움 등의 정서가 스며 있었다. 실제 글쓰기치료의 현장에서 학생들에게 소리 기억에 얽힌 자신의 글을 대면하게 하고, 왜 현재 시점에 '엄마의 목소리'가 떠올랐을지, '엄마의 존재'가 자신에게 어떠한 의미인지, 현재 자신에게 결핍되어 있거나 필요한 것이 무엇인지 등을 좀 더 깊이 있는 글쓰기를 통해 탐색하게 한다면, 자신의 문제와 삶의 미해결 과제, 가족과의 관계, 나아가 타인과의 관계 등을 이해하고 통찰하는 데 많은 도움이 될 것이다.

동생이 태어났을 때의 울음소리. 생명이 태어나서 처음으로 낸 소리라 기억에 남는다. (전자정보통신공학, 김○○)

중학교 때 처음 사귄 여자 친구가 사랑한다고 해 줬을 때를 잊지 못합니다. 부모님을 제외하고 이성에게 처음 듣는 소리였기 때문인 것 같습니다. (전자정보통신공학, 이○○)

비 오는 날, 사고 치고 어머니와 집에 돌아가는 길, 자갈 밟던 소리가 기억납니다. (전자정보통신공학, 최○○)

더불어 소리 기억은 동생이 처음 태어나던 순간, 이성 친구에게 처음 사랑 고백을 받았던 순간, 군대에서 제식훈련과 야간 보초를 서던 순간 등, 살아가면서 겪었던 '인생의 주요 사건들'과 주요 이벤트들을 떠올리게 하였다.

> 사람과 사람 사이에 칭찬하고 아껴줄 때 나는 소리가 인상 깊게 남아 있다. 이상하게도 어느 나라, 어느 언어라도 들어 보면 칭찬하고 있고 서로 예쁜 말을 주고받고 있다는 게 느껴지기 때문이다. (기계시스템공학, 전○○)

> 나를 칭찬해 주는 소리가 가장 인상적이다. 그 이유는 칭찬은 고래를 춤추게 한다는 것처럼 들을 때마다 뿌듯하고 기분이 좋아서 그렇다. (전자정보통신공학, 고○○)

> 요즘은 듣지를 못하지만 어릴 때 오후 5시쯤 되면 뻥튀기나 여러 과자들과 곡물을 팔던 트럭이 종소리를 내며 동네를 돌아다녔다. 그때는 매일 찾아오는 일상이라 그렇게 지나쳤는데 지금은 가끔 그 소리가 그립다. 나의 어린 시절이 그리운지도 모르겠다. (기계시스템공학, 최○○)

뿐만 아니라 학생들은 지난날의 삶을 반추하며, 그동안 인지하지 못했던 자신이 가장 '듣기 좋아하는' 소리와 '그리워하는' 소리 등을 글쓰기를 통해 의식화하였음을 확인할 수 있다. 실제 글쓰기치료에서 좀 더 발전된 형태의 글쓰기를 통해 내가 '칭찬하는 소리'를 좋아하는 이유, '어린 시절'이 그리운 이유 등을 깊이 있게 고민해 보고, 현재 나에게 결핍되어 있는 심리적 요소는 무엇인지, 나에게 힘과 위로가 되는 심리적 자원은 무엇인지, 내가 소중히 여기는 삶의 가치와 나의 자존감을 끌어올릴 수 있는 방안은 무엇인지 등을 깊이 탐색해 본다면, 현재의 내면을 스스로 점검하고 자기이해를 높일 수 있을 것이다.

지금까지 살펴보았듯, 사운드스케이프에 가장 효과적으로 접목할 수 있는 글쓰기 유형은 자신의 기억을 바탕으로 하는 '자기탐색 글쓰기'일 것이다. 소리 자극은 소리정체성과 장소정체성을 형성함과 동시에 잊힌 개인의 삶의 흔적과 기억들을 현재로 불러오고, 글쓰기는 이를 지면에 고정시킴으로써 자신의 정체성과 지나온 삶에 대해 충분히 음미하도록 한다. 현재의 시점에서 재구성된 과거의 이야기는 당시에 깨닫지 못했던 감각 경험과 감정들을 재체험하게 하고, '과거의 나'와 '현재의 나'의 공존 속에서 '미래의 나'를 설계하도록 이끈다. 내러티브는 개인이 시간, 공간, 타인이라는 복합적 맥락 속에서 자기 삶을 표현하고 자신의 존재를 정의하는 과정이자 결과물이다.[31] 우리는 글을 쓰는 동안 자기 자신에 대하여 깊은 정서적 체험을 할 수 있을 뿐만 아니라, 나 자신을 깊이 들여다볼 수 있는 기회를 갖게 된다. 글쓰기치료의 공간에 앞서 살펴본 실제적이고 실존적인 소리 환경이 조성된다면, 참여자들은 자신의 감각과 기억을 바탕으로 더 풍부하고 적극적인 자기

---

31 이선혜, 《이야기치료》, 학지사, 2020, 32쪽.

탐색이 가능할 것이며, 이때의 글쓰기 공간은 개인만의 스토리가 녹아 있는 개별적이고 특별한 자기탐색의 공간이자, 치유의 공간으로 기능할 수 있을 것이다.

사운드스케이프 글쓰기치료의 기대 효과

지금까지 학생들의 '소리 기억'에 관한 사례를 바탕으로 글쓰기치료에 적합한 사운드스케이프의 소리 자극들을 탐색해 보고, 사운드스케이프에 효과적인 글쓰기 유형에 대하여 논의해 보았다. 마지막으로 사운드스케이프와 글쓰기치료를 접목했을 때 예상되는 감각적, 인지적, 학문적 기대 효과에 대해 언급하고자 한다.

첫째, 사운드스케이프를 활용한 글쓰기치료는 감각과 지각·인지의 속도를 늦춤으로써 자신에게 입력된 감각 자극을 충분히 느끼고, 글쓰기를 통해 좀 더 능동적이고 적극적으로 사유할 수 있도록 이끈다. 사운드스케이프의 소리 자극은 많은 정보를 빠른 속도로 주입하는 현대사회의 미디어 환경과는 달리 자연의 소리, 일상의 소리 등 익숙하고 편안한 소리 환경을 조성한다. 소리 자극을 천천히 지각하는 과정 속에서 참여자들은 청각뿐만 아니라 시각·후각·촉각 등의 다양한 감각적 경험을 함께 떠올릴 수 있으며, 글쓰기를 통해 과거의 시간을 현재로 고정시킴으로써 다양한 정서적 체험과 인지적 성찰을 경험할 수 있다.

둘째, 사운드스케이프를 활용한 글쓰기치료는 현대인들의 편향된 지각 체계를 허물어뜨리고, 주체적으로 감각-지각-인지할 수 있는 능력을 기르게 한다. 리처드 밴들러Richard Bandler와 존 그린

더John Grinder가 개발한 신경언어프로그래밍NLP: Neuro-Linguistic Programming에 따르면, 인간은 자신의 오감(시각, 청각, 후각, 미각, 신체감각) 중에서도 세 가지 주요 신경 체계인 시각·청각·신체감각을 주로 활용하며, 이 세 가지 감각 체계를 모두 활용하기는 하지만 대부분 어느 하나의 감각기관에 더 의지하는 경향이 있다.[32] 특히 다양한 미디어 환경을 경험하는 현대인들은 '시각' 자극에 의존하여 경향이 강하며, 학습된 지각 항상성[33]은 고정된 가치 체계를 형성하는 위험성을 지닌다. 그러나 사운드스케이프를 접목한 글쓰기치료는 시각 자극이 배제된 소리 자극과 언어적 상상력[34]을 통해 다양한 공감각적 체험을 불러일으키고, 기존의 지각하는 방식과는 차별화된 새로운 방식으로 감각하고 사유하는 법을 제시하여 준다.

셋째, 사운드스케이프를 활용한 글쓰기치료는 소리 기억을 통해 무의식을 의식화함으로써, 시간의 흐름에 따라 사회 속에서 다양한 모습으로 존재하는 '통합된 나'의 모습을 성찰하고, 과거와 현재, 미래로 이어지는 자기탐색을 통해 자신의 심리적 자원과 존

32 캐슬린 아담스, 《느낌의 진화》, 50쪽 참조.

33 지각 항상성perceptual constancy은 개인이 세계에 대해 학습한 프레임을 뜻한다. 지각 항상성은 모든 감각 자극을 제각기 해석해야 하는 수고로움을 덜어 주지만, 동시에 고정된 가치 체계를 형성하고 편견의 기틀이 되기도 한다.

34 과거의 이미지를 회상하는 것은 상상을 할 때 필수적이다. 그리고 상상은 창조력의 기반이다. 회상된 이미지들은 또한 서사를 구성하는 데 필수적이다. 서사를 만들어 내는 능력은 인간 마음의 고유한 속성으로 현재와 과거의 이미지와 더불어 우리 마음속에서 펼쳐지는 영화에 의해 묘사되는 거의 모든 것을 언어로 번역한다. 안토니오 다마지오, 《느낌의 진화》, 133쪽 참조.

재성을 탐구하도록 이끈다. 베르그송Henri Bergson은 "모든 감각은 이미 기억이다"[35]라고 말한다. 사운드스케이프는 무의식 속에 잠재되어 있는 소리 기억을 수면으로 끌어올리고, 글쓰기는 인간의 의식을 높임으로써 이를 더욱 정교하고 세밀하게 탐색하도록 만든다. 인간의 내적 잠재력을 실현하기 위해서는 글쓰기가 꼭 필요하다.[36] 소리 기억을 바탕으로 한 글쓰기는 실제 자신의 삶과 일정한 거리를 만들어 냄으로써 객관적으로 자신의 삶을 성찰하고 미래를 설계할 수 있도록 이끈다. 사르트르Jean Paul Sartre가 "인간은 항상 이야기를 하는 존재이고, 이야기를 통해 자신에게 발생하는 모든 일을 보며, 이야기하는 것처럼 자신의 삶을 살아가려고 애쓴다"[37]라고 말했듯, 소리 기억과 자기탐색을 바탕으로 한 글쓰기는 참여자들을 실존적인 삶으로 이끌고, 주체적이고 능동적으로 자신의 삶을 설계할 수 있도록 인도한다.

넷째, 사운드스케이프를 활용한 글쓰기치료는 그동안 깊이 있게 논의되지 않았던 글쓰기치료의 공간 및 환경 조성에 대한 새로운 접근법이 될 수 있으며, 물리적 공간 너머 감각-지각-인지 공간, 실존 공간으로서 글쓰기 공간의 가능성을 제시한다. 참여자들은 공간 안에서 '감각하고 지각하고 인지하는 주체로서의 나'를 경험할 수 있으며, 이때 공간은 동질적이고 균등한 공동체의 공간이

---

35 앙리 베르그손, 《물질과 기억》, 최화 옮김, 자유문고, 2017, 138쪽.

36 월터 옹, 《구술문화와 문자문화》, 임명진 옮김, 문예출판사, 2018, 144쪽.

37 베로니카 오킨, 《오래된 기억들의 방》, 김병화 옮김, 알에이치코리아, 2022, 261쪽 재인용.

아닌, 이질적이고 개별적인 자기탐색의 공간으로 기능할 수 있다.

다섯째, 사운드스케이프를 활용한 글쓰기치료는 참여자들로 하여금 그동안 인식하지 못했던 '감각 공간'의 중요성을 깨닫고, 글쓰기의 인지적 · 치유적 힘에 대해 스스로 성찰할 수 있도록 유도할 것이다.

나가며

지금까지 이 글은 첫째, 감각기관을 통해 입력되는 감각 자극들을 충분히 느끼고 지각한 후 주체적으로 즐기며 사유할 수 있는 글쓰기 방법이 필요하다는 점, 둘째, 그동안 '물리적 공간'의 측면에서 한정적으로 논의된 글쓰기치료의 공간 및 환경 조성에 대한 새로운 접근 방식이 필요하다는 점, 이 두 가지 문제의식을 바탕으로 사운드스케이프를 활용한 글쓰기치료의 가능성에 대해 탐색해 보았다.

사운드스케이프를 활용한 글쓰기치료의 방법론 개발을 위하여, 먼저 글쓰기치료에서 사용되는 감각의 활성화 기술과 감각 체험의 중요성, 글쓰기치료의 공간에 대해 살펴보았다. 이어서 사운드스케이프의 개념과 활용성 등을 검토하고, 사운드스케이프의 소리 자극이 만들어 내는 소리정체성과 장소정체성, 그리고 소리 자극이 인간에게 미치는 감각적 · 정서적 효과 등을 검토하였다.

이를 바탕으로 대학생들의 소리 기억에 대한 사례를 통해 글쓰기치료에 적합한 사운드스케이프의 소리 자극들은 어떤 것이며 그 특징은 무엇인지, 사운드스케이프와 접목 가능한 글쓰기치료의 유형은 무엇인지, 글쓰기치료와 사운드스케이프를 접목했을 때 예상되는 감각적·인지적·치유적 효과는 무엇인지에 대하여 구체적으로 살펴보았다. 그 결과 다음과 같은 논의를 이끌어 냈다.

첫째, 사운드스케이프의 적절한 소리 자극들로는 매미·귀뚜라미·개구리 울음소리 등과 같이 '계절성'을 대표하는 생명체의 소리, 빗소리·바람 소리·천둥소리 등과 같이 '날씨'와 관련된 대지의 소리, 바닷가·계곡 등과 같이 '휴가/장소성'과 관련된 자연의 소리, 운동장·시장·놀이터 등 '군중/장소성'을 대표하는 인간의 소리 등이 적합할 것이다. 이상의 소리들은 살면서 누구나 경험할 수 있는 자연의 소리이자 일상의 소리들로, 친숙하고 정감 있는 소리 자극은 참여자들의 감각 기억을 활성화하고 좀 더 풍부하고 편안한 글쓰기 정서를 마련할 수 있다.

둘째, 사운드스케이프에 가장 효과적으로 접목할 수 있는 글쓰기 유형은 자신의 기억을 바탕으로 하는 '자기탐색 글쓰기'일 것이다. 소리 자극은 잊힌 개인의 삶의 흔적과 기억들을 현재로 불러오고, 글쓰기는 이를 지면에 고정시킴으로써 자신의 소리 기억과 지나온 삶에 대해 충분히 음미하도록 한다. 현재의 시점에서 재구성된 '나'의 이야기는 당시에 깨닫지 못했던 감각 경험과 감정들을 재체험하게 하고, '과거의 나'와 '현재의 나'의 공존 속에서 '미래의 나'를 설계하도록 이끈다. 글쓰기치료의 공간에 실제적이고 실존적인 소리 환경이 조성된다면, 참여자들은 자신의 감각과 기억을 바탕으로 더 풍부하고 적극적인 자기탐색이 가능할 것이며, 이때의 글쓰기 공간은 개인만의 스토리가 녹아 있는 개별적이고 특별한 자기탐색의 공간이자 치유의 공간으로 기능할 수 있을 것이다.

셋째, 사운드스케이프를 활용한 글쓰기치료의 기대 효과는 ① 감각과 지각·인지의 속도를 늦춤으로써 자신에게 입력된 감각 자극을 충분히 느끼고, 글쓰기를 통해 좀 더 능동적이고 적극적으로 사유할 수 있도록 이끈다. ② 현대인들의 편향된 지각 체계를 허물어뜨리고, 주체적으로 감각-지각-인지할 수 있는 능력을 기르게 한다. ③ 소리 기억을 통해 무의식을 의식화함으로써, 시간의 흐름에 따라 사회 속에서 다양한 모습으로 존재하는 '통합된 나'의 모습을 성찰하고, 과거와 현재·미래로 이어지는 자기탐색을 통해 자신의 심리적 자원과 존재성을 탐구하도록 이끈다. ④ 그동안 깊이 있게 논의되지 않았던 글쓰기치료의 공간 및 환경 조성에 대한 새로운 접근법이 될 수 있으며, 물리적 공간 너머 감각-지각-인지 공간, 실존 공간으로서 글쓰기 공간의 가능성을 제시한다. ⑤ 참여자들로 하여금 그동안 인식하지 못했던 '감각 공간'의 중요성을 깨닫고, 글쓰기의 인지적·치유적 힘에 대해 스스로 성찰할 수 있도록 유도한다.

이 글은 사운드케이프를 활용한 글쓰기치료 방법론의 '예비적 고찰'로 실제 적용을 위해서는 사운드스케이프의 음량과 길이, 글쓰기 공간의 조명, 글쓰기치료 집단의 규모, 전체적인 회기 구성에 관한 논의 등이 보완되고 정교화될 필요가 있다. 본 논의가 그 시발점이 될 수 있을 것이라 기대한다.

참고문헌

강구미, 〈사운드 테라피가 정신건강에 미치는 영향〉, 한양대학교 석사학위
　논문, 2020.

곽금주, 《발달 심리학》, 학지사, 2021.

김춘경 외, 〈게슈탈트 상담〉, 《상담과 이론의 실제》, 학지사, 2016.

손민정 외, 《사운드스케이프로 배우는 감각적 음악교육》, 한국교원대학교
　출판문화원, 2022.

신용규, 〈소쇄원의 사운드스케이프〉, 동신대학교 석사학위논문, 2005.

우상현 · 윤은경, 〈사운드스케이프 특성에 의한 치료증진으로서 심리치료센
　터 공간 계획 연구〉, 《한국실내디자인학회 학술발표대회논문집》 제23권
　1호, 2021, 147~152쪽.

이동후, 《월터 옹》, 커뮤니케이션북스, 2018.

이선혜, 《이야기치료》, 학지사, 2020.

채연숙, 《글쓰기치료》, 경북대학교출판부, 2010.

홍단비, 〈팬데믹 시대, '공간'을 주제로 한 글쓰기치료 수업 모형 연구〉, 《문
　학치료연구》 제62집, 한국문학치료학회, 2022, 161~196쪽.

메를로 퐁티, 《지각의 현상학》, 류의근 옮김, 문학과지성사, 2002.

베로니카 오킨, 《오래된 기억들의 방》, 김병화 옮김, 알에이치코리아, 2022.

안토니오 다마지오, 《느낌의 진화》, 임지원 · 고현석 옮김, 아르테, 2019.

앙리 르페브르, 《공간의 생산》, 양영란 옮김, 에코리브르, 2019.

앙리 베르그손, 《물질과 기억》, 최화 옮김, 자유문고, 2017.

에드워드 렐프, 《장소와 장소상실》, 김덕현 외 옮김, 논형, 2021.

엘리에저 스턴버그, 《뇌가 지어낸 모든 세계》, 조성숙 옮김, 다산사이언스, 2019.

월터 J 옹, 《구술문화와 문자문화》, 임명진 옮김, 문예출판사, 2018.

캐슬린 아담스, 《저널치료》, 강은주 · 이봉희 옮김, 학지사, 2006.

Emmy van Deurzen · Martin Adams, 《실존주의 상담 및 심리치료의 기술》,
　이동훈 외 옮김, 학지사, 2020.

Steven Yantis · Richard A. Abrams, 《감각과 지각》, 곽호완 외 옮김, 시그마프레스, 2018.

제5장

초연결사회 소통과 공존
: 다문화영화 속 소통을 중심으로

|정 성 미|

이 글은 《다문화와 교육》 7(2)(2022. 12)에 수록된 〈Analysis of Communication Patterns in Multicultural Movies〉를 수정 · 보완한 것이다.

들어가기

초연결사회의 소통은 약한 연결로 초연결돼 있다. 초연결사회의 주된 소통은 대면이 아닌 비대면 상황에서 음성언어보다 문자언어를 선호한다. '콜포비아'는 SNS, 앱 등에서 이루어지는 문자 기반 소통으로 인해 통화하는 것에 두려움을 갖는 것을 의미한다. 초연결사회의 문자 중심 소통에서는 비언어 소통이 이루어지지 않는다. 비언어의 결핍으로 인해 소통의 소음, 장애가 예상된다.

초연결사회의 문자 중심 소통이 갖는 비언어 소통의 결핍은 이주민과 한국인의 소통에서 사회적 약자인 이주민의 비언어에 주목하지 않고, 그들의 목소리를 경청하지 않는 소통의 한계 상황과도 유사한 점이 있다. 한국인과 이주민의 공존은 사회적 약자에 대한 이해가 있을 때 가능하다. 이 글은 사회적 약자 중 이주민의 목소리를 경청하고 이해하기 위해 다문화영화 속 이주민과 한국인의 소통을 분석한 글이다.

다문화영화는 다문화 소통 자료로서 의미가 있다. 다문화영화에서 다문화란 각각의 문화의 가치를 인정하고 다양한 문화 공존을 지향하는 것(강윤희, 2014: 3)으로, 다문화사회와 다문화에 대한 문제의식을 담은 영화를 의미한다. 다문화영화에서 다문화사회는 물리적 배경 이상의 의미를 지니며 가치관과 방향성을 제시한다. 하위주체인 이주민의 의사를 표현하게 하고, 다문화사회로서 한국사회를 관찰할 수 있는 기회를 제공하여, 진정한 내적 소통의 차원에서 다문화사회에서 타자와의 공존 문제를 제시한다(배상준, 2015:

105). 다문화영화에는 한국에 거주하는 타자, 구체적으로 외국인노동자·결혼이민자·다문화가정·다문화가정 자녀들에 대한 한국인의 인식이 반영되어 있고, 의도된 것이기는 하지만 다문화적 상황에서 구체적인 커뮤니케이션이 재현되어 있어 소통 양상을 살펴볼 수 있다. 그렇기에 다문화영화는 한국인과 이주민의 관계와 소통에 대해 살펴볼 수 있는 자료로서 중요한 의미를 지닌다.

다문화영화는 현실을 반영하거나 다문화사회에 대한 문제의식과 관점을 통해 다문화사회의 방향이나 해결 방법을 제시하면서 현실을 초월하는 내용을 담기도 한다(황영미,2011: 242). 현실 반영의 성격이 강한 영화로는 〈파마〉·〈믿거나 말거나, 찬드라의 경우〉 등이 있고, 현실을 초월해서 이상적 다문화사회의 모습을 반영한 영화로는 〈완득이〉가 있다. 다문화영화에 대한 연구는 부진한 상태인데, 다문화주의 담론의 실제적인 상호소통적 융합에 있어 다문화영화 연구는 가장 효과적이고 실천적 방법이라고 할 수 있다(배상준,2015: 77).

이 글에서는 관계와 소통의 문제를 구체적으로 살펴볼 수 있는 현실 반영의 성격이 강한 〈파마〉와 〈믿거나 말거나, 찬드라의 경우〉를 중심으로 관계와 소통의 양상을 분석하고자 한다. 다문화영화의 한국인과 이주민 사이의 소통 중 주목할 비언어와 언어 양상을 등장인물 간 소통인 1차적 소통과, 등장인물과 관객의 소통인 2차적 소통 구조 속에서 분석할 것이다.

영화 자료

이 글에서는 두 가지 기준에 부합하는 영화를 선정하고자 하였다. 첫째 다문화 현실을 잘 반영하고 있는가, 둘째 다문화 소통의 상호작용을 잘 보여 주는가이다. 이 기준에 부합하는 영화로 〈파마〉와 〈믿거나 말거나, 찬드라의 경우〉를 선정하여 분석 대상으로 하였다. 〈파마〉와 〈믿거나 말거나, 찬드라의 경우〉는 다문화 소통의 현실을 반영하고 있고, 구체적인 비언어·언어의 소통 양상을 잘 보여 준 영화이다.

첫 번째 영화 〈파마〉는 이란희 감독의 작품으로 2010년 제26회 함부르크국제단편영화제 경쟁부문에서 심사위원상을 수상했고, 제9회 미장센단편영화제, 제59회 멜버른국제영화제 경쟁부문 등 다수의 영화제에서 상영되었다. 〈파마〉의 줄거리는 다음과 같다.

르엉은 시어머니와 함께 미장원에 와 있다. 미장원에서 파마를 하는 르엉, 머리를 커트할 때부터 머리 스타일이 마음에 들지 않는 것 같다. 그러나 시어머니에 의해 르엉은 강제로 파마를 하게 된다. 시어머니는 르엉의 여권을 챙기고, 옷을 사다 입히면서 돈이 너무 많이 들었다고 미장원 사장과 세탁소 여자에게 불만을 토로한다. 미장원 사장의 친구인 세탁소 여자는 르엉에게 이름을 물어보고, 머리 스타일이나 옷이 너무 나이 들어 보인다고 르엉의 편을 들어 주다가 시어머니와 갈등을 겪기도 한다. 르엉은 파마를 마치고 시어머니가 사다 준 옷을 입고, 시어머니를 따라 미장원을 나선다. 르엉은 시어머니의 뒤를 좇아 한국에서 살 집을 향해 커다란 가방을 들고 힘겹게 계단을 오른다. 르엉이 계단을 오르다 울고 있을 때 시어머니가 자신을 어머니로 알고 살라며 달래다가 그럼에도 계속 우는 르엉을 다그치며 집으로 향하는 길을 재촉한다. 르엉은 머리를 묶으며 계단을 오른다.

〈파마〉에서는 주인공인 르엉을 중심으로 시어머니, 미장원 사장, 세탁소 여자의 비언어·언어 소통 양상을 살펴볼 수 있다.

두 번째 영화 〈믿거나 말거나, 찬드라의 경우〉는 박찬욱 감독의 2003년 작품으로 실화를 바탕으로 한 영화이다. 국가인권위원회에서 제작 지원한 6편의 옴니버스 형식의 단편영화 중 하나이다. 영화의 줄거리는 다음과 같다.

서울의 섬유 공장을 다니던 네팔 노동자 찬드라는 동료와 다투고 혼자 공장 주변 식당에서 라면을 시켜 먹고 뒤늦게 지갑이 없음을 알게 된다. 식당 주인은 찬드라의 미숙한 한국어로 인해 그를 한국인으로 오인하고 경찰에 신고한다. 경찰에서는 찬드라의 모습을 보고 외국인노동자임을 알지 못하고 한국인 행려병자라고 여겨 정신병원으로 보낸다. 정신병원에서 찬드라는 한국인 선미야 씨로 불리며 심신미약, 심신지체, 우울증으로 진단받고 6년 4개월 동안 있게 된다. 한국에 있는 다른 네팔 사람을 통해서 찬드라의 주장대로 그가 네팔 사람 찬드라임을 확인받게 된다. 그후 찬드라는 네팔로 돌아갔다. 영화 후반에 네팔을 찾아가 직접 실제 인물인 찬드라를 만나는 장면으로 영화가 끝난다.

〈믿거나 말거나, 찬드라의 경우〉의 등장인물은 찬드라를 중심으로 식당 주인·경찰1·경찰2·의사1·의사2·의사3·간호사·네팔 사람 등이며, 이들의 비언어와 언어를 중심으로 소통 양상을 살펴볼 수 있다.

소통의 이중 구조와 비언어

영화 콘텐츠의 소통 구조는 특이성이 있다. 그 특이성은 소통의 이중 구조에서 찾을 수 있다. 영화 콘텐츠는 1차적으로 등장인물 간의 소통이 있고, 2차적으로 등장인물과 관객과의 소통이 있다(〈표 1〉[1] 참조). 다문화영화의 경우 이주민과 한국인이 만나는 접점에서의 소통을 살펴보는 것이 중요하므로, 등장인물 중 이주민과 한국인의 소통이 1차적 소통이고, 등장인물 중 이주민과 한국인 관객 사이의 소통이 2차적 소통이다.

| 표 1 | 일반 영화의 소통의 이중 구조

(（등장인물 간 소통) ①　　관객 소통　） ②

....

[1]　정미강(2011:163)의 영상콘텐츠의 커뮤니케이션 구조를 참조하여 재구성.

│표 2│ 다문화영화의 소통의 이중 구조

((한국인 - 이주민 간 소통) ① 한국인 관객 소통) ②

　　다문화영화의 이중 구조에서 한국인 관객은 관찰자적 위치에 있으면서, 타자로서 이주민의 삶에 주목하기도 하고, 이주민을 대하는 한국인의 삶에 집중하기도 한다. 관객이 이주민의 삶을 관찰하며 이주민의 삶에 공감할 수 있고, 한국인의 삶을 살펴보면서 반성할 수 있으므로, 관객은 관찰자로서 한국인에 대한 반성적 위치, 이주민에 대한 공감적 위치에 서게 된다.

　　강윤희(2014: 2)는 다문화영화를 보는 것으로도 다문화 수용성이 높아지므로, 미디어와 언론의 역할이 크다고 하였다. 이는 다문화영화의 소통의 이중 구조 속에서 관객은 등장인물 간 소통에 있어서 관찰자로서, 공감자로서, 성찰자로서 다문화 상황을 경험하며 다문화 감수성을 향상시킬 수 있음을 의미한다.

　　또한 영화 콘텐츠는 다른 인문학 자료와는 달리 동영상 자료이므로 언어뿐 아니라 비언어를 동시에 분석할 수 있는 특징이 있다. 정미강(2011)은 영상 콘텐츠 분야에서 한국인의 비언어 행위에 대한 연구가 미흡함을 언급하면서, 영상 콘텐츠가 범람하는 문화적 상황에서 비언어 커뮤니케이션의 중요성을 강조하였다. 영상 콘텐츠의 비언어는 실제 비언어보다 접근 가능하고 관찰이 용이하며, 영화가 일반 대중과의 소통을 전제로 연출된 것이라는 점에서 커뮤니케이션 자료로서 가치를 지니고, 의도된 비언어여서 실제 비언어보다 덜 개인적이고 훨씬 강조되며 풍부한 특징을 지닌다는 것이다(정미강, 2011: 158-165). 특히 다문화영화에서는 한국어를 모르거나 한국어에 미숙한 외국인들이 등장하므로, 비언어의 중요도가 일반 영화보다 더 크다고 하겠다.

| 표 3 | 〈파마〉의 비언어

> ((한국인 - 르엉) ① ----- 한국인 관객) ②
> 르엉의 비언어

〈파마〉의 1차 등장인물 간 소통에서는 한국어를 못하는 베트남 여성 르엉과 한국인들의 소통이 원활하지 않다. 그러나 한국인 관객은 강조된 르엉의 비언어를 관찰함으로써 1차 소통에서의 한국인과 달리 르엉의 생각과 감정에 집중할 수 있다. 또한 1차 구조 속 한국인에 대한 객관적 관찰을 통해 반성적 사고에 이를 수 있다.

〈믿거나 말거나, 찬드라의 경우〉에서는 찬드라의 시선이 된 카메라로 인해 1차 구조에서 찬드라의 모습을 볼 수 없으며, 2차 구조의 한국인 관객은 찬드라와 동일한 위치에서 영화를 보게 된다. 한국인 관객은 찬드라의 눈으로 한국인을 더 주목해서 살펴볼 수

| 표 4 | 〈믿거나 말거나, 찬드라의 경우〉의 비언어

> ((한국인   찬드라) ①
> 카메라------- 한국인 관객) ②
> 찬드라의 비언어

있고, 찬드라에 더 공감하게 된다. 〈믿거나 말거나, 찬드라의 경우〉에서는 찬드라의 표정과 같은 비언어가 아닌 카메라가 대신하는 시선, 찬드라의 한숨 등 청각의 비언어가 제한적으로 표현된다.

다문화 소통 양상

보지 않거나 보이지 않는 비언어
일그러진 이주민의 얼굴: 〈파마〉의 비언어 양상

〈파마〉에서 이주민인 르엉의 비언어를 살펴보려면 얼굴 표정에 주목할 필요가 있다. 〈파마〉에서는 주로 르엉의 얼굴을 클로즈업 close-up해서 눈물, 눈동자의 움직임, 입꼬리 등 표정을 잘 보여 준다. 클로즈업은 얼굴만 확대하여 친근감, 감정적 호소, 중요함을 강조하는 기법이다(강윤희, 2014: 11). 〈파마〉의 클로즈업 장면은 감정적 호소, 중요함을 보여 준다고 하겠다. 특히 주목해 볼 장면은 르엉이 머리 스타일에 대해 불만을 표출하는 장면과, 여권을 시어머니가 보관한다고 르엉에게 알리는 장면이다.

먼저 르엉은 미장원에서 자신이 원하는 머리 스타일이 아닌 것에 대해 눈물로써 자신의 의사를 표현한다. 이에 진행 중이던 파마가 중단되고, 르엉은 베트남어로 이에 대해 구체적으로 거부 의사를 두 차례 표현한다.

르엉의 불만은 거울 속에 비친 표정에 그대로 나타난다. 거울 속 르엉은 고개를 숙이고, 눈은 아래로 내리깔고, 입은 일자 형태를 취한다. 또한 베트남어로 두 차례 거부 의사를 표현한다. 그러나 베트남어로는 시어머니에게 정확한 의미를 전달할 수 없다. 르엉의 언어인 베트남어는 시어머니에게 성량, 고저와 같은 비언어적 요소로서 거부의 의미를 전달하게 된다. 등장인물뿐 아니라 관객들도 베트남어를 모르기 때문에 그 구체적인 의미를 알 수 없으나, 거부 의사임을 짐작할 수 있다. 비언어와 언어 표현 모두 거부 의사를 표현하였음을 볼 수 있다. 르엉은 마음에 들지 않는 머리 스타일에 대한 불만과 거부 의사를 비언어와 비언어 기능의 베트남어로 분명하게 표현한다.

그러나 영화에서 르엉의 비언어에 주목하는 이는 없다. 우선 파마에 대해 베트남어로 항의하자, 시어머니는 르엉의 팔을 치거나 등을 치면서 거칠게 제어한다. 시어머니는 르엉이 불만이 있다는 것을 인지했지만, 르엉의 거부 의사를 수용하지 않는다. 그 과정에서 시어머니는 헤어 잡지에 보이는 사진을 손가락으로 짚으며 거칠게 다그치기도 하고, 다시 어린아이 대하듯 음성을 통해 어르는 등 이중적인 태도로 르엉을 대한다. 결국 신체적 접촉에 의한 억압과 단호한 명령으로 르엉이 원치 않는 파마를 강행한다. 시어머니의 의사는 르엉에게 분명한 의미는 전달되지 않지만 성량, 고저 등을 통해 비언어적으로 모호하게 전달된다. 르엉은 어머니가 자신의 의견을 받아 주지 않는 과정에서 당황스러움, 모멸감 등을 느꼈을 것으로 보인다.

불만을 표하는 르엉의 비언어에 미장원 사장은 파마를 진행할 수 없다. 이는 르엉의 비언어를 인지했음을 뜻한다. 르엉의 머리

임에도 불구하고 미장원 사장은 진행 여부를 시어머니에게 묻고, 시어머니는 단호하게 "해요. 그냥"이라고 파마를 진행시킨다. 르엉은 자신의 머리임에도 불구하고 그 과정에 참여할 수 없고, 진행 여부를 결정할 수 있는 권한도 없다. 이 권한은 비용을 지불하는 경제적 힘, 가족 내에서 시어머니라는 지위가 주는 힘, 한국어 중심의 소통이 갖는 힘, 한국 사회·한국인이기에 갖는 힘에서 비롯된 것이다.

영화에서는 미장원 바깥에서의 삶은 보이지 않지만, 미장원 바깥에서 르엉의 삶도 유사하게 자기결정권을 가질 수 없을 것임을 예측할 수 있다. 시어머니는 '그냥 해 놓으면 괜찮다고 하겠지'라고 막연한 낙관을 표현하지만, 이는 르엉의 것이 아닌 시어머니의 것이다. 자신의 생각이 곧 르엉의 생각일 것이라고 여기는 시어머니의 태도는 전체성을 지니는 미숙한 유아론적 사고이다. 르엉은 독립된 주체로서 존중받지 못하고 있으며, 소통은 단절되어 있다.

> 미장원 사장: 그럼 뭐 어디서든 하면 되죠, 뭐.
> (뒤돌아 시어머니 보고) 울어요.
> 시어머니: (르엉에게 다가오며) 울어? 왜 울어? 어 (눈물을 닦아 줌)
> 왜 울어 속상하게.
> 르엉: (머리를 잡고) "베트남어…"
> 시어머니: 머리 잘라서 울어? (고개 흔들며) 아니, 아니, 아니야 괜
> 찮아. 이쁘게 자르려고 이쁘게 해 주려고.
> 르엉: (베트남어로) 소리가 더 커진다.

시어머니: (르엉의 팔을 치며) 뚝 그쳐 시끄러 죽갔네. (야단치듯이) 이쁘게 해 주려고 하는데 왜 울어! 뚝! (헤어 잡지를 가리키며) 이렇게 해 달라매. (손가락으로 사진 가르치며), 이렇게 해 줄 건데 왜 울어! 이렇게 해 달라고 했잖아! 니가 해 달라는 대로 해 주는 거야. 울지 마! 알았지? 응, 울지 마. (아이들한테 하듯 함) (뒤로 걸어가서 소파에 앉으며 혼잣말로) 아으 말도 안 통하고, 여러 가지로 속상해 그냥.

르엉: (거울 속 르엉의 표정. 고개를 숙이고, 눈은 내리깔고, 입은 일자… 울상이다)

미장원 사장: (미장원 사장 한 손은 르엉의 머리를 잡고, 시어머니를 돌아다 보며) 이거 어떻게 해요?

시어머니: (단호하게) 해요. 그냥.

미장원 사장: 해요?

시어머니: 그냥 해요. 그냥 해 놓으면 괜찮다고 하겠지.

미장원 사장: (다시 머리를 자른다)

〈파마〉에서 눈동자의 비언어를 잘 보여 주는 장면이 있다. 시어머니가 르엉의 여권을 가지고 와서 르엉에게 보여 주며 여권이 중요하니 자신이 잘 보관해 주겠다고 말한다. 르엉에게 여권은 한국 사회에서 신분을 증명할 중요한 증서이다. 그러나 르엉이 여권을 잘 보관할 수 있는 성인임에도 불구하고, 시어머니는 르엉에게 선택권을 주지 않고 자신이 여권을 가지고 있겠다고 통보한다. 하지만 한국어가 미숙한 르엉에게 이 내용이 잘 전달되지 못한 것으로 보인다. 시어머니가 르엉에게 '알아들었어?'라고 묻지만 르엉의 표정에서 인지 여부를 확인할 수 없다. 다만 르엉은 여권에서 시선을 떼지 못한다. 시어머니가 르엉에게 여권을 보여 준 뒤 자신이 여권을 보관하겠다고 통보하고 옷을 사러 미장원 문을 나갈 때까지, 르엉의 시선은 여권이 들어 있는 가방에서 떠나지 않는다. 르엉에게 눈물이나 입꼬리가 불만의 비언어였다면, 르엉의 시선은 긴장·집중·주목의 비언어로 볼 수 있다. 그리고 이러한 비언어는 시어머니에 의해 철저히 무시된다.

(르엉은 가방을 열어 여권을 놓는 어머니를 계속해서 응시한다)
(여권을 가져와서)
시어머니: (아이를 어르듯이 여권을 흔들며) 이거 갖고 있다가 잊어버리면 안 되니까, 엄마가 잘, 엄마 가방에 보관할게. 엥? 걱정하지 마. 응, 알았지? 이거 갖고 있다가 잊어버리면 안 되니까 엄마가 보관할게. 엄마가, 엄마가(손으로 자기 가슴을 두 번 토닥대며) 보관한다고. (시선을 맞추며) (르엉은 여권을 본다) 알아들었어? (알아들은 표정은 없다) 그리고 나 시장 가서 니 옷, 여기 입을 거 이쁜 거 많이 사올 테니까, 머리 이쁘게 잘하고 있어. 엉, 엉, 알아들었어! (르엉의 표정은 엄마와 여권을 교대로 본다. 표정은 밝지 않다) 그리고 (어깨를 툭툭 치며) 이 옷, 이 옷(자기 옷을 만지며) 입을 거, 이쁜 거 많이 사올 테니까, 머리 잘하고 있어. 응, 알았지?(뒤돌아 가는 어머니, 그 어머니의 손에 있는 여권을 응시하는 르엉. 거울 속으로 가방에 여권을 넣는 어머니의 모습에 눈을 떼지 않

는 르엉).

보이지 않는 찬드라: 〈믿거나 말거나, 찬드라의 경우〉의 비언어

〈믿거나 말거나, 찬드라의 경우〉에서는 찬드라가 등장하지 않는다. 카메라가 찬드라의 시선을 대신한다. 찬드라의 모습을 볼 수는 없지만 카메라가 내신하는 찬드라의 응시, 응시 방향, 흔들림을 주목해 볼 수 있다. 특히 경찰과 의료진이 찬드라를 대하는 장면에서 잘 드러난다.

먼저 찬드라는 밥값을 내지 못해서 경찰서로 보내진다. 경찰과의 대화에서 찬드라는 경찰의 질문에 대답을 하지 못하고, 경찰과 눈을 맞추지 못한 채 시선을 아래로 떨군다. 경찰의 질문을 이해하지 못하고, 지갑을 분실하여 식당에서 경찰서까지 오게 된 상황에서 찬드라는 겁이 나고 위축되어 의사 표현을 하는 것에 자신감을 잃었을 것으로 보인다. 이는 아래로 시선을 떨구는 찬드라의 비언어를 통해 짐작할 수 있다.

경찰: 냈어요?
찬드라: (시선을 피하며 아래를 쳐다본다. 다시 눈을 맞추려 한다)
경찰: 안 냈어요?
찬드라: (다시 시선을 떨군다)

두 번째 장면은 병원에서 의사1, 의사2와 대화하는 장면이다. 의사1과의 대화에서는 찬드라의 시선이 아래로 향했다가, 의사를 피해 좌우로 흔들리다 다시 아래로 떨어지는 것을 확인할 수 있다. 영화 카메라 무빙 기법 중 카메라를 좌우로 움직이거나 위아래로 움직이는 것은 불안한 심리를 드러낸다(강윤희, 2014:11). 찬드라는 불안과 두려움 속에서 의사1의 질문에 거의 대답을 하지 못하고 흔들리는 시선을 보여 주다가 갑자기 의사1에게 다급하게 매달린다. 그러나 의사1은 찬드라의 매달리는 모습을 의사한테 '덤비는' 것으로 해석하고, 불안한 시선 처리를 근거로 찬드라를 정신지체와 우울증으로 진단한다. 찬드라의 불안과 절실함은 의사1에게 전혀 수용되지 않는다.

진찰실

앞에 의사가 앉아 있다.

의사1: (무심하게 찬드라를 바라보다가 차트 보고) 저녁 드셨어요? 안 드셨어요?

찬드라: (시선이 떨어진다) 예. (책상 아래로 점점 떨어지는 시선)

의사1: 저 좀 보실래요?

찬드라: (고개를 숙이고 움직이지 않는다)

의사1: 아주머니 얼굴 한번 들어 보세요.

찬드라: (작은 소리로) 예. (시선을 들기는 하지만 의사를 응시하지 않고 옆으로 시선을 피해 고개를 든다)

의사1: 어디 불편하세요? 머리 아프세요?

찬드라: (의사를 응시하지 않고 이번엔 좌측을 쳐다본다)

의사1: (무심하게 찬드라를 바라보다가 손으로 턱을 괴며) 아줌마!

여기 한 번만 봐 줄래요?

찬드라: (다시 시선이 아래로 내려간다. 그러다가 갑자기) 선생님, 선
생님. (의사 옆으로 달려들고)

의사1: (의사는 놀라서) 어, 어

찬드라: (의사의 바짓가랑이를 붙잡고 늘어진다)

찬드라와 의사2의 대화 장면에서도 카메라 앵글의 흔들림이
나타난다. 이를 통해 찬드라의 불안한 마음이 드러나며, 경찰·의
사1과의 대화에서 느낀 좌절과 절망감이 한숨의 비언어로 표현되
고 있다.

진찰실

의사2: 선미야 씨. 한국 사람이 아니라고 주장한다면서요.

찬드라: 나 네팔피야예요…. 네팔… 아 몰라.

의사2: 좀 천천히 얘기해 보실래요?

찬드라: 여기….

의사2: 타일랜드? 태국 사람이라구요?

찬드라: 네팔… 네팔.

의사2: (웃으며 천천히 말한다) 오, 필리핀 사람이에요?

찬드라: (크게 한숨 쉰다)

또한 병원에서 약을 거부하는 찬드라에게 강제로 약을 먹이는
장면에서, 찬드라는 미숙하지만 한국어로 머리가 아프다며 약을

거부한다. 하지만 의사2의 지시에 따라 두 의료진이 강제로 약을 찬드라의 입에 넣는데, 이때 카메라 앵글 위에 두 명의 의료진의 얼굴이 위압적인 모습으로 보인다. 카메라와 피사체의 위치 관계에서 카메라가 피사체 아래에서 촬영하는 로앵글low-angle은 역동적 느낌 또는 위압감·혼란함의 효과를 준다(강윤희, 2014:11). 찬드라에게 약을 강제로 먹이는 장면은 위압감과 혼란함, 잔인하고 폭력적인 행위로까지 보여진다.

  # 병원, 약 먹이는 장면
  의사2: 약 먹기 싫다고요?
  찬드라: 머리 아파, 머리 아파.
  이사2 : 그래도 먹어야 해요. 그래야 낫지.
  찬드라: 사장님 머리 아파, 찬드라 머리 아파.
  의사2: (고개로 의료진에게 지시한다)
  의료진: (찬드라에게로 밧줄 들고 다가선다)
  찬드라: (찬드라를 눕히고 제어하는 의료진, 찬드라는 소리 지른다)
  간호사: (약간 웃음기 띤 얼굴로) 아 (약을 찬드라의 입에 넣는다)

〈믿거나 말거나, 찬드라의 경우〉에서 찬드라의 비언어는 카메라의 움직임으로 표현된 시선과 한숨 등이다. 찬드라의 얼굴, 모습은 영화 뒷부분에 나온다. 찬드라가 등장하기 전까지 찬드라의 비언어가 제한적일 수밖에 없는데, 이는 영화 속 한국인들이 찬드라를 카메라와 같은 사물처럼 대하면서 비언어에 있어서 중요한 찬드라의 얼굴 표정, 시선 등을 인지하지 못한 채 기계적으로 대화하는 것을 보여 주는 것으로 해석할 수 있다.

〈믿거나 말거나, 찬드라의 경우〉에서는 찬드라를 대하는 한국인의 모습이 더 강조된다. 특히 의사2와 대화하는 장면에서 찬드라와 의사2의 비언어가 대비를 이룬다. 의사2의 음성은 속도가 느리고 여유가 있다. 또한 의사2는 시종일관 웃으며 여유 있는 표정이다. 찬드라의 한숨 섞인 네팔어와 카메라 앵글의 흔들림으로 드러나는 불안과 절망은 의사2의 상반된 비언어와 대비된다.

〈믿거나 말거나, 찬드라의 경우〉에서 찬드라의 시선이 아닌 장면은 등장인물들의 인터뷰 장면이다. 강윤희(2014:16)에 따르면, 인터뷰 장면은 보드웰의 자기-의식적self-consciousness 내레이션에 해당된다. 인터뷰 장면에서 자기-의식적 내레이션을 통해 관객에게 자기 입장에서 변명을 하는 형식을 취하고 있다. 의사1·경찰·간호사의 인터뷰 장면에서 비언어를 분석해 보면, 의사1은 비스듬하게 앉은 자세, 무표정한 얼굴, 위에서 아래로 내려다보는 듯한 시선, 귀찮은 듯한 태도를 취한다. 의사1의 비언어에는 이 사건을 대하는 태도, 환자와 찬드라를 대하는 태도가 반영되어 있다. 간호사의 인터뷰 장면은 다른 환자가 찬드라를 '선미야'라고 부르는 것을 보고 있던 간호사가 정면을 바라보면서 관객에게 말하는 형식을 취한다. 간호사는 고개를 약간 좌측으로 뒤로 젖힌 상태에서 턱을 올리고 내려다보는 듯하다. 또한 찬드라가 '선미야'라고 부르는 환자 때문에 괴로워하며 네팔어로 말하는 소리가 들리지만 멀찍이 거리를 두고 이를 바라보면서 한쪽 입술을 살짝 올리고 있는데, 이는 자신이 잘못 판단한 것이 아니라 네팔 말이 '정신 나간 한국 사람'이 말하는 것으로 오해를 받을 만하다고 자기 입장을 변론함으로써 책임을 면하려는 모습으로 해석된다. 또한 의사 3은 보던 책을 책꽂이에 꽂으며 팔짱을 끼고 무표정한 모습으로 찬드라에 대한 자신의 분석적인 소견을 말한다. 경찰1은 경찰차에서 찬드라를 뒤로 돌아보며 냄새 난다고 말하며, 혐오스럽다는 표정을 지은 후 차창을 연다. 경찰서에 도착해서도 멀리 거리를 두고 앉아 찬드라에게 기본적인 인적사항을 확인한다. 물리적인 거리는 심리적인 거리를 의미하기도 한다. 경찰2도 처음에는 멀리 거리를 두고 찬드라를 보다가 찬드라에게 다가서며 이름을 재차 묻는다. 물리적인 거리가 가까워졌지만 시선은 위에서 아래로 찬드라를 내려다보며, 표정은 경직되어 있고 무표정하다. 그러다 미간을 살짝 찌푸리며 화가 난 듯한 표정을 짓기도 한다. 정리하면, 찬드라를 대하는 경찰과 의사·간호사들의 비언어는 찬드라에게 거리를 두고 있으며 위에서 아래로 내려다보는 시선, 짜증과 화가 난 듯한 표정으로 비하·혐오를 담아 대응하는 것을 볼 수 있다. 이들은 무표정하고, 분석적이고, 사무적인 비언어를 취하고 있다.

언어적 소통

들리지 않는 목소리: 〈파마〉의 언어적 소통

〈파마〉에서는 이주민과 한국인의 접점의 시발점이 될 수 있는 이름을 묻는 장면이 나온다. 미장원 사장과 세탁소 여자가 르엉에게 자신들의 이름을 소개하고, 르엉의 이름을 묻는다. 세탁소 여자가 호기심에 적극적으로 르엉과 관계맺기를 시도하는 장면이다. 르엉이 그 의미를 알고 자기 이름을 말하는데, 미장원 사장과 세탁소 여자가 베트남 이름을 발음하기 어려워한다.

이름을 묻는 장면

세탁소 여자: (르엉을 손을 잡아 소파에 앉히며) 이름이 뭐예요?

르엉: (고개를 살짝 가로젓는다)

세탁소 여자: 이름 (미간을 찌푸리며) 못 알아듣나? (손으로 자신의 가슴을 두드리며) 나는 강영순, 얘는 야! 너 이름이 뭐냐?

미장원 사장: 너 내 이름 몰라? 너 맨날맨날 여기 신은숙 케어 오면서 내 이름을 몰라?

세탁소 여자: (박수를 치고 웃으면서) 맞다 신은숙 케어. 얘는 신은숙. 그러니까 아가씨 이름 (속삭이듯이) 아가씨 이름.

르엉: 르엉.

세탁소 여자: 뭐라냐?

미장원 사장: 몰라.

르엉: 응웬티 르엉.

세탁소 여자: 웡티롱.

미장원 사장: 웡팅롱.

르엉: (천천히 입을 모으며) 으엥 티 르엉.

〈파마〉에서 르엉은 한국어를 전혀 하지 못하고, 베트남어로 말한다. 그나마 머리 스타일에 대한 의견을 제시하다가 거부당하자, 이름을 말하는 장면 외에는 베트남어로조차도 말하지 않는다. 르엉의 언어는 모두 비언어로 대체되고 있다. 그러므로 〈파마〉에서 르엉의 비언어는 더욱 중요하다. 그러나 비언어에서 살펴본 바와 같이 시어머니·미장원 사장·세탁소 여자는 모두 르엉의 비언어를 무시하거나 잘 인지하지 못하므로, 르엉은 소통이 잘 되지 않고 주체적이지 못한 모습으로 그려지고 있다. 〈파마〉에서 르엉의 목소리는 거의 들리지 않는다.

〈파마〉에서 한국인의 언어적 표현 중에서 시어머니의 언어 표현이 가장 영향력이 크다. 시어머니는 르엉을 어린아이 대하듯 한다. 한국어, 한국 사회에 대한 이해가 부족한 르엉을 보호하고 안내자·엄마로서의 역할을 자처하는 시어머니는 르엉에게 '엄마'라고 따라 부르게 한다. 한국어를 가르치기 위한 것이기도 하겠지만, 어린아이를 연상하게 한다.

어머니: 너 울어? (얼굴을 보고 어린아이에게 말하듯) 울지 마, 울지
마. 어, 여기가 인제 니 고향이야. 그리고 내가 니 엄마고 어. 엄마
해 봐.

시어머니의 언어 표현은 단호한 명령 '뚝 그쳐! 시끄러 죽갔네', '이쁘게 해 주려고 하는데 왜 울어! 뚝!' 등 르엉에게 강요, 무시, 제재의 표현을 반복적으로 사용한다. 또한 이는 거친 신체 접촉의 비언어와 함께 표현됨으로써 강력한 제재의 힘을 갖는다.

시어머니: (르엉의 팔을 치며) 뚝 그쳐 시끄러 죽갔네. (야단치듯이)
　　이쁘게 해 주려고 하는데 왜 울어! 뚝!

시어머니: (단호하게) "해요. 그냥."

또한 르엉을 가리키는 지시어들을 살펴보면, 르엉을 데려오는
데 돈이 많이 든다고 하여 '돈 덩어리'라고 하고, 말이 통하지 않
는 르엉을 물건 취급하여 '저런 물건'이라고 한다. 이는 돈 주고
골라 왔다는 생각에서 기인한 것으로, 한국 말을 못하는 르엉을
잘못 골라 온 물건 취급을 하고 나중에 아들을 못 낳으면 물리고
싶다고 생각하기도 한다.

어머니: 그러세요. 짜증 나네. 돈이 그냥 계속 들어가네. 계속 들어
　　가. 돈 덩어리야 돈 덩어리. 으유.

어머니: 어디서 저런 물건을 데리고 와서 같이 살라니 내가 어떻게
　　살아야 해.

어머니: 착하기만 하면 뭐해요. 뭘 알아야 살지요. 아우. 내가 쟤 데려
　　오는 데 돈이 얼마나 들었는지 알우? 말을 말아야지. 나중에 아들이
　　라도 낳으면 다행이지만 그렇지 못하면 저걸 무를 수도 없고. 어차
　　피 골라 왔으니 그냥 가르쳐서 데리고 살아야지 뭐. 별 수 있겠쑤.

그리고 시어머니는 르엉뿐 아니라 르엉의 나라에 대해서도 가

난한 나라 취급을 하며 비하 표현을 서슴지 않는다.

> 어머니: 쟤가 뭐 가방 하나 달랑 들고 가져온 게 있어야지. 하긴 뭐
> 베트남에서 뭐 가져올 거나 있었겠어.

> 어머니: 쟤가 무슨 베트남에서 파마를 해 봤겠어. 먹기 살기도 힘들 텐데.

미장원 사장은 머리 값을 주는 시어머니와의 소통을 중요하게 생각하고, 르엉에게도 친절한 태도를 보인다. 그러나 일로서만 관계를 맺을 뿐이다. 파마에 대해서 설명할 때 적극적으로 비언어와 언어를 동시에 사용하여 설명하고, 시어머니에게는 베트남 여성에 대해 긍정적으로 발언하는 것 같지만, 이는 한국 여성이 거부한 위치에 베트남 여성이 적합하다는 의미로, 베트남 여성이 한국인의 기대에 맞게 동화되어야 긍정적 평가를 받을 수 있다는 생각을 반영하고 있다.

> 미장원 사장: 아가씨 (이마를 짚으며) 머리 (2자를 손가락으로 표시하
> 고) 이틀 동안 (손을 흔들며) 머리 감으면 안 돼. (2자를 다시 손가락으
> 로 표시하고) 이틀 (손을 다시 흔들며) 감지 마!

> 미장원 사장: 베트남 여자들이 한국 여자들보다 훨씬 낫대요. 시어머니
> 똥수발도 들어 주고.

세탁소 여자는 한국 사람과 비슷하게 생긴 르엉을 보고 처음에는 외국 사람인 줄 몰랐다가 알고 난 뒤 호기심을 보이며 어느 나라 사람인지 궁금해 한다. 하지만 르엉의 입장을 고려하지 않고 한국어를 못 알아듣기에 그 존재를 수시로 무시한다. 세탁소 여자는 르엉이 설비집 며느리인 것을 알고서 르엉을 팔려 온 사람으로 바라보며, 르엉의 가족과 르엉의 남편까지도 비하하고 조롱하는 태도를 취한다.

세탁소 여자: 그래 베트남에서 색시 얻어 온다더니만 (다시 앞쪽으로 가서 르엉을 쳐다보며) 아이구야, 한국 사람이랑 똑같이 생겼다 야.

세탁소 여자: 예쁘면 뭐 하나 팔려 온걸.

미장원 사장: 넌 무슨 말을 그렇게 하냐.

세탁소 여자: 팔려 온 거지. 설비집 할머니가 연립 딱지 판 돈으로 데려왔다잖아. 그 아저씨 베트남 갔을걸. 마누라 고르러.

미장원 사장: 아이고 됐어. 남의 일에 신경 좀 끊어.

세탁소 여자: 베트남에 땅이라도 좀 사 줬을걸? 그 집은 딸 팔아서 팔자 폈네.

미장원 사장: 그러든가 말든가 니가 뭔 상관이니?

세탁소 여자: (소일거리를 하면서) 생각해 봐 어떤 처녀가 사십 넘은 홀아비한테 시집을 오겠냐. 그 아저씨 우리 아저씨보다 나이도 많을걸? 기력지도 조그마하고, 쭈그렁 대추같이 생긴 게 밤일이나 제대로 하겠냐.

〈파마〉의 등장인물 중 아무도 르엉에게 르엉이 원하는 머리 스타일과 옷에 대해 묻지 않는다. 세탁소 여자가 르엉의 편을 들어주는 것 같지만, 세탁소 여자의 생각에 근거한 것이지, 르엉의 것은 아니다. 르엉의 의견은 존재하지 않는다. 르엉은 타자로 윤리적인 대우를 받지 못하고 그의 목소리는 들리지 않으며 오직 한국인의 소리만 무성하다.

작지만 반복된 목소리: 〈믿거나 말거나, 찬드라의 경우〉의 언어적 소통

〈믿거나 말거나, 찬드라의 경우〉에서도 이름과 관련된 세 개의 장면이 있다. 첫 번째, 경찰서에서 경찰이 주민등록증이 있냐고 묻자, 찬드라가 주민등록증의 의미를 몰라서 "몰라"라고 답변한다. 경찰은 찬드라가 반말로 대답한다며 기분 나빠한다. 그러면서 이름을 다시 묻는다. 그러나 경찰은 그 이름을 잘 들어 보려고도 하지 않는다. 찬드라는 자기 이름이 찬드라라고 미숙한 발음이지만 정확하게 답변한다. 그러나 경찰은 찬드라의 말을 경청하지 않으므로 그 이름을 듣지 못한다. 그리고 정신이상자라고 판단하여 정신병원으로 이송한다.

경찰서

경찰2: (앞으로 다가와서) 주민등록증 없어요?

찬드라: 몰라.

경찰2: (경찰1) 왜 반말이냐.

(찬드라를 보며) 이름! 이름도 몰라요? (노래) 이름도 몰라요 성
도 몰라.

찬드라: 이름, 찬드라.

경찰2: 뭐?

찬드라: 이름 찬드라 구마리 구릉, 이름 찬드라 구마리 구릉.

경찰2: 어쩌냐, 얘.

두 번째는 정신병원에서 다른 환자가 찬드라를 자신의 딸로 오
인해서 "선미야"라고 부르는 장면이다. 이때도 찬드라는 자신이
선미가 아님을 분명하게 말하지만 아무도 이 말을 경청하지 않는
다. 그런데 아이러니하게도 이때부터 찬드라는 '선미야'라는 이름
으로 불리게 된다. 그 과정은 생략되어 있지만 연속된 장면에서
의사2가 '선미야 씨'라고 부르는 것을 볼 수 있다. 의사의 권한으
로 병원에서 찬드라의 이름이 '선미야'로 정리되었음을 알 수 있
다. 이름은 정체성과 연결되는 언어로, 찬드라는 이름을 잃고 '선
미야'라는 새로운 이름으로 불리며 새로운 존재가 된다.

정신병원 병실

다른 병자: 선미야, 애미 보고 싶어서 왔지?

찬드라: 나 선미 아냐.

다른 병자: 선미야~~

찬드라: (뭐라고 웅얼거린다)

또한 출신국에 대해서도 찬드라의 말을 믿지 않고 있음을 볼 수 있다. 이때도 찬드라는 자신의 나라가 네팔이라고 말하지만, 의사 2는 전혀 듣지 못하고 태국·필리핀 등 다른 나라 이름을 계속 말하며 찬드라의 답답함을 고조시킨다. 특히 의사2는 느린 목소리와 웃는 표정 등 여유 있는 태도의 비언어를 보이며 찬드라의 말을 잘 듣지 못한다. 그 외 등장인물들도 찬드라의 이름을 듣지 못하지만, 찬드라는 반복해서 자신의 이름과 나라를 일관되게 말한다. 엉뚱한 나라로 질문하는 의사2에게 찬드라는 답답함을 느끼며 한숨을 쉰다.

의사 선생님 2

의사 2: 선미야 씨. 한국 사람이 아니라고 주장한다면서요.

찬드라: 나 네팔피야예요… 네팔… 아 몰라.

의사2: 좀 천천히 얘기해 보실래요?

찬드라: 여기….

의사2: 타일랜드? 태국 사람이라구요?

찬드라: 네팔… 네팔.

의사2: (웃으며 천천히 말한다) 오 필리핀 사람이에요?

찬드라: (한숨 쉰다)

〈믿거나 말거나, 찬드라의 경우〉에서 찬드라는 한국어와 네팔어를 쓰고 있다. 한국어는 주로 한국 사람의 질문에 대답할 때 사용하는데, 목소리가 작고 발음이 뚜렷하지 못해서 주의 깊게 반복해서 들어야 한다. 등장인물들 사이에서 찬드라의 한국어는 파편처럼 들리지만, 영화 전체에서 찬드라는 자신의 이름이 찬드라 구마리 구릉이며 네팔 사람임을 일관되게 반복해서 말하고 있다. 그러나 찬드라의 한국어는 명확하지 않은 발음과 작은 성량, 한국 사람들의 편견에 의해 무시되고 소통되지 않는다. 예를 들어, 경찰 2는 찬드라의 이름을 묻는 장면에서 찬드라를 조롱하고, 찬드라가 자신의 이름을 말해도 알아듣지 못하면서 경찰1에게 '어떻게 하냐 얘'라고 하며 어린아이 대하듯 비하의 언어를 사용하고 있다.

〈믿거나 말거나, 찬드라의 경우〉는 인터뷰 장면에 한국인의 언어 표현을 담고 있다. 인터뷰 장면은 찬드라를 6년 4개월 방치한 일에 대한 변명, 찬드라의 증상을 정신지체·우울증으로 진단하는 분석적인 언어, 그리고 찬드라를 향한 혐오의 목소리를 담고 있다.

관찰과 공감의 자리: 〈파마〉, 〈믿거나 말거나, 찬드라의 경우〉의 2차 소통 구조

〈파마〉의 등장인물과 관객 사이의 2차 소통 구조에서, 관객은 어떠한 입장에서 소통하는지 살펴보자. 관객은 클로즈업된 르엉의 표정과 시선 등 비언어에 주목하게 된다. 르엉의 시각적 비언어를 통해 등장인물들의 관계를 경험하게 된다. 관객은 영화의 다른 등장인물들이 놓치고 있는 르엉의 표정과 시선 등 비언어의 의미를 인지함으로써 르엉의 입장, 르엉의 감정에 공감할 수 있다. 관객은 르엉의 비언어로 표현된 르엉의 목소리를 듣고, 이를 인지하지 못하거나 인지하더라도 무시하는 한국인의 반응을 제3자의 눈으로 관찰하고, 자신의 모습이 투영된 것에 반성적 사고를 할 수 있다. 관객은 르엉과 같은 이주민들에 대한 이해, 그리고 자신과 이주민의 관계에 대한 반성을 통해 다문화 상황에서의 소통에 대해 성찰하게 된다.

〈믿거나 말거나, 찬드라의 경우〉는 카메라 자체가 찬드라의 시선이므로, 2차적 소통에서 관객의 시선과 찬드라의 시선이 일치한다. 관객은 찬드라의 눈으로 한국인의 반응을 경험하고 찬드라의 불안, 두려움, 위축, 소통이 되지 않는 답답함에 공감한다. 경찰·의사1·의사2와의 대화 장면에서 관객들은 카메라를 따라 찬드라의 불안과 절망을 느끼고, 찬드라의 한숨을 통해 소통되지 않는 찬드라의 답답함에 공감하게 된다.

또한 찬드라의 한국어 표현이 분명하지는 않지만 주의 깊게 들으면 들을 수 있으므로, 관객은 영화 속 등장인물인 한국인과 소통적으로 다른 위치에 있게 된다. 관객은 주목해서 들음으로써 지속적으로 정확하게 말하고 있는 찬드라를 이해하며, 그것이 소통되지 않고 기계적·관습적으로 무시되는 상황을 관찰할 수 있다. 관객은 찬드라의 입장이 돼서, 이름을 듣지 못하는 한국인들에게 느꼈을 찬드라의 답답함에 공감할 수 있다. 또한 찬드라의 말을 경청하지 않고 엉뚱한 질문을 하며 찬드라와 대조적으로 일관되게 여유 있고 온화한 표정을 짓는 의사2를 통해 찬드라의 답답함이 관객에게도 그대로 전해지고, 관객들은 찬드라의 답답함에 공감하게 된다. 물론 몰입도에 따라서 찬드라의 이름을 듣지 못하는

| 표 5 | 〈**파마**〉**의 소통 구조**

((한국인 – 르엉) ① -------- 한국인 관객) ② 르엉의 시각적 비언어		
보지 못함 무시	보임 말하지 않음	봄

| 표 6 | 〈**믿거나 말거나, 찬드라의 경우**〉**의 소통 구조**

((한국인　　　　　찬드라) ① 카메라 ------- 한국인 관객) ② 찬드라의 청각적 비언어		
보임 듣지 못함	보이지 않음 말함	봄 들음

관객도 있을 수 있다. 찬드라가 한국인이 듣기 좋게 이름을 말한 것은 아니지만 위축된 찬드라의 상황을 생각해 볼 때, 한국인의 대응 방식이 위압적이고 폭력적임을 알게 되고, 약자나 소외된 이주자들의 약한 목소리를 섬세하게 듣지 못하는 한국인의 소통에 대해 반성적 성찰을 하게 한다.

두 영화에서 이주민의 목소리는 제한되어 있거나, 미숙한 한국어로 표현된다. 한국인 등장인물들은 이주민의 목소리를 듣지 못하고, 이주민의 목소리는 사라지거나 지속되지만 파편화되어 한국인에게 전달되지 않는다. 관객들은 〈파마〉에서 르엉의 비언어로 대체된 사라진 언어로 인해 비언어에 더욱 주목하게 된다. 또한 〈믿거나 말거나, 찬드라의 경우〉에서 찬드라는 미숙하지만 지속적, 반복적으로 한국어 표현을 하고 있다. 그럼에도 보지 못하고 듣지 못하는 한국인의 모습에 관객은 답답함을 느끼고 소통하지 못하는 르엉과 찬드라에게 공감할 수 있게 된다.

나가기

지금까지 다문화 현실을 반영하고 있는 다문화영화 〈파마〉와 〈믿거나 말거나, 찬드라의 경우〉의 비언어, 언어 표현을 중심으로 다문화 소통의 양상을 살펴보았다. 다문화영화 속 소통은 이중 구조로 형성되는데 1차 소통 구조는 등장인물 간의 소통으로 한국인과 이주민의 소통이고, 2차 소통 구조는 영화 속 이주민과 한국인 관객 사이의 소통이다.

비언어 소통에 있어서* 〈파마〉는 클로즈업으로 르엉의 시각적 비언어가 강조되는데, 한국인 등장인물들은 르엉의 시각적 비언어를 무시하거나 주목하지 않아 르엉의 불만, 주시 등이 잘 전달되지 않는다. 르엉의 한국어 표현은 거의 없다.

〈믿거나 말거나, 찬드라의 경우〉는 카메라가 찬드라의 시선을 대신하는 기법으로 촬영되어서, 후반부에 네팔로 귀국한 찬드라가 등장하기 전까지 영화 속에 찬드라는 부재한다. 찬드라의 존재는 카메라의 움직임으로 대신하는 시선과 한숨 같은 청각적 비언어로 표현되고 있다. 그리고 찬드라는 미숙한 한국어이기는 하지만 이름과 출신국 등 주요한 내용을 일관되게 지속적으로 표현한다.

〈파마〉를 본 한국인 관객은 강조된 르엉의 표정을 관찰함으로써 1차 구조의 한국인과 달리 르엉의 생각과 감정에 공감할 수 있고, 영화 속 한국인에 대한 객관적 관찰을 통해 반성적 사고에 이를 수 있다. 〈믿거나 말거나, 찬드라의 경우〉의 한국인 관객은 영화 속 한국인과 달리 찬드라의 시선으로 한국인의 모습을 관찰하고, 찬드라의 한숨과 같은 청각적 비언어와 찬드라의 미숙하지만 지속적 · 반복적으로 표현되는 한국어 표현을 듣고, 이를 듣지 못하는 한국인의 모습에 답답함을 느끼게 되고 소통하지 못하는 찬드라에게 공감하게 된다.

미디어를 통한 다문화 접촉 경험이 많을수록 다문화 수용성이 높게 나타나는데(강윤희, 2014:2), 이는 외국인에 대한 수용성과 관련 정보 습득의 역할이라고 할 수 있다. 다문화영화를 본다는 것은 단순히 다문화 정보를 습득하는 것에 그치지 않고, 다문화영화에서 보여 주는 구체적인 다문화 소통 상황에서 이주민의 시각에 서 보는 경험을 제공한다. 이는 이주민과 소통하는 과정이자 이주민의 삶을 이해하는 기회가 된다. 또한 한국인을 대상화해 객관적으로 살펴봄으로써 반성과 성찰의 기회를 갖게 된다. 이는 한국인이라는 틀에서 벗어나 이주민과 공존하는 하나의 방식이 될 수 있다.

이러한 다문화사회에서 이주민과 한국인의 공존을 모색하는 것은 초연결사회의 초분절된 개인 또는 편향된 정보로 구획된 타자들과의 공존과도 무관하지 않기에 초연결사회에 타자의 목소리를 경청하고, 비언어 속에서 타자의 감정을 이해하려는 노력은 초연결사회 공존의 가능성으로도 이어질 수 있다.

참고문헌

강윤희, 〈다문화 영화에 나타난 이주민의 표상방식―영화 〈방가? 방가!〉를 사례로〉, 《글로벌교육연구》 제6집 2호, 2014, 65~96쪽.

배상준, 〈한국의 다문화 영화〉, 《인문콘텐츠》 36, 인문콘텐츠학회, 2015, 75~108쪽.

윤대선, 《레비나스의 타자물음과 현대철학》, 문예출판사, 2018.

이도균, 〈한국영화 속 다문화 가정의 재현 방식에 관한 연구―영화 〈완득이〉를 중심으로〉, 《예술과 미디어》 14(4), 한국영상미디어협회, 2015, 97~124쪽.

이영아, 〈〈완득이〉에 나타난 다문화 사회에서의 '차이' 형상화 연구〉, 《동아시아문화연구》 제62집, 2015, 205~228쪽.

정미강, 〈영상콘텐츠에 나타난 한국인의 비언어 커뮤니케이션 연구―영화 괴물을 중심으로〉, 《영상문화콘텐츠연구》 통권 제4집, 동국대 영상문화콘텐츠연구원, 2011, 155~190쪽.

정성미, 《소통의 인문치료》, 북스힐, 2017.

지은진 외, 〈국제결혼이주여성의 문화적응 스트레스가 우울에 미치는 영향―정서적 의사소통의 매개효과〉, 《건강》 17(1), 한국심리학회, 2012, 243~252쪽.

황영미, 〈한국 영화에 나타난 다문화 양상 연구―이방인 수용 양상을 중심으로〉, 《영화연구》 47, 2011, 239~262쪽.

허정, 〈완득이를 통해 본 한국의 다문화주의〉, 《다문화콘텐츠 연구》 12, 2012, 95~138쪽.

제6장

초연결 네트워크 속
야누스적 에고를 대하는 철학대화

| 김 여 진 |

이 글은 《중국학 논총》 제78집(2023)에 게재한 원고를 수정·보완한 것이다.

초연결 네트워크 속 자기自己와의 관계

오늘날 과학기술 사회의 질서 변화가 가속화되고 비대면의 가상 세계가 강화되면서 초연결성이 일으키는 병리적 현상에 대한 다양한 진단들이 제시되고 있다. 디지털 자아와 아날로그 자아를 혼동하는 분열증, 망network 강박증, 기술적 전체주의 질서 및 자기 감시에 따른 중독과 소외, 비대면 사회로의 강제적 이행과 디지털 격차에 따른 상대적 박탈감relative deprivation, 물리적 수고를 덜어낸 플랫폼이 만든 '부근附近의 소실'[1]이 낳은 고립감과 상실감, 이러한 대면성의 결핍으로 인한 공동체 향수nostalgia for community와 외로움 등은 초연결시대의 다양한 병리적 문제들로서 그 사례를 열거하기에도 부족할 정도이다.

이러한 진단들 가운데 인문학적 처방의 요청에 따라 제기된 '새로운 치유적 관계맺기'의 제안은 주목할 만하다. 여기에서 관계를 맺는 '자기'는 당연히 타자와의 관계를 통해서 매번 새로워지는 네트워크일 것이다. 초연결시대의 새로운 물物—인공지능, 미디어, 과학기술, 로봇, 소리, 쓰레기 등—을 발견하고, 어떻게 하면 그들과 새롭게 치유적 관계를 맺을 수 있을지를 고민하는 까닭도 그 때문이다.[2]

---

1 項飆 · 吳琦,《把自己作爲方法: 與項飆談話》, 上海: 上海文藝出版社, 2020.

2 여기서 열거한 인공지능, 미디어, 과학기술, 로봇, 사운드스케이프, 쓰레기 등은 본서인 '초연결시대 치유인문학 공동저서' 제6권《초연결시대, 관계의 상전이相轉移 연구》에 수록된 새로운 물物의 예시들이다. 집필진으로서 필자는 무엇보다도 초연결 네트워크 안에

또한, 필자가 초연결시대 관계의 상전이相轉移 현상 속에서 일어나는 병리적 문제들에 대한 고민에 동참하려는 이유 또한 그와 다르지 않다. 다시 말해 이 글은 세계와 자아, 즉 나를 구체적으로 이해하는 출발점의 하나로서 '자기 자신과의 관계맺기'에 먼저 집중하라는 철학상담적 고언苦言을 아끼지 않으려고 한다. 관계의 상전이 신드롬 속에서 만나게 되는 철학상담의 내담자들에게서도 이러한 이율배반적이고 자기기만적인 이슈들을 흔히 발견할 수 있다고 생각하기 때문이다.

그렇다면 철학상담사가 자기기만적인 신념에 찬 주체를 내담자로 만났을 경우, 어떠한 경로를 통해 내담자로 하여금 "평소 의식하지 못했던 '사고의 패턴' 안에 숨겨진 개념적 전제와 함의를 찾아내고, 그/그녀의 비논리적이며 비합리적인 신념과 가치를 검토하여 그 경계를 넘어섬으로써 새로운 차원의 사고가 자기 안에서 개현되는 초월의 과정"[3]을 경험하게 할 수 있을까?

결국 이 글이 지향하는 우선적 목표는 다중화多重化된 자기 자신과 관계 맺는 방식의 일례인 '자기기만自己欺瞞self-deception'을 주제로 삼아, 그것의 극복 방안을 '철학대화Philosophical Dialogue' 속에서 강구해 보고자 하는 데에 있으며, 구체적으로 그 대상은 한국철학

서 벌어지는 야누스적 에고Ego(전인적 나 vs 인덱스화된 나)가 유발하는 '자기이중화自己二重化—모순적이고 당착적인—된 관계 짓기에 초점을 맞추어 자기 자신과의 관계맺기를 철학상담의 관점에서 조명하고 있다.

3 박병준 · 홍경자, 《아픈 영혼을 철학으로 치유하기: 철학상담을 위한 공감적 대화와 초월 기법》, 학이시습, 2018, 46~48쪽 참조.

상담치료학회의 철학상담임상교육PCCE:Philosophical Counseling Clinical Education[4] 〈자기대화록〉 세미나가 될 것이다.

자기기만적인 내담자와의 철학상담은 가능한가

자기기만은 '자신이 스스로를 속여 믿게 만든다'는 신념이자 행위이다. 그와 같이 비논리적·당착적 역설 때문에 "자기기만이라는 관념을 정의하기가 쉽지 않은" 까다로움이 있지만, 이 글은 "알고 있는 것이 실제 실천으로 잘 구현되지 않거나(또는 못하는), 다시 말해 무엇이 옳은 일인지 머릿속으로는 이해하면서도 실천으로 옮기지 못하는 경우"[5]에 해당하는 앎(知)과 실천(行) 사이의 괴리를 유가儒家의 전통 사상 안에서 살펴보고자 한다.

자기기만이란 무엇인가? 무엇 때문에 기만의 대상을 타자가 아닌 자신으로 삼는가? 자신에 대한 기만(자기모순)을 왜 합리화할 뿐더러 반복적·지속적 다짐을 통해 신념으로서 자기의식화(세뇌

---

4 철학상담임상교육(이하 PCCE로 약칭)은 한국철학상담치료학회 주최의 상담임상실습 프로그램 중 하나이다. 이 프로그램은 철학상담사로서 전문적인 상담 능력을 배양하기 위한 상담임상실습 과정으로서 수련감독의 지도 하에 내담자의 영혼을 돌보는 임상 훈련뿐만 아니라, 상담자 자신에 대한 이해를 높이고, 자기성찰과 자기성장을 경험하는 전문 상담가로서 능력을 증진시키는 슈퍼비전 훈련이다. 개인 혹은 집단으로 운영되며, 집단의 경우, 최소 5명에서 최대 8명으로 구성된다. 수련감독들은 각자의 고유성을 살린 프로그램 요소를 다양하게 반영하여 독자적으로 진행하고 있다. (출처: 한국철학상담치료학회 홈페이지 http://philcounseling.net/html/sub05-04.asp)

5 이찬, 〈지행문제의 도덕심리학적 이해〉, 《철학》 제99집, 24쪽 참조.

화)하는가? 일반적으로 "다른 사람의 눈에 자신을 위장僞裝하는 것에 익숙해지고, 마침내 자신에게도 자신을 위장하기에 이르는 상태"[6]를 자기기만이라고 부른다. 주체가 '자기기만'이라고 불리는 상태에까지 도달하는 데에는 다음과 같은 과정과 특징이 있다.

① 주체는 P가 사실임을 알고 있으나,
② P를 인정하는 것에 대해 무언가의 부정적인 태도를 포함하며, 이러한 기제가 작동하게 됨으로써,
③ P가 사실이 아니라는 자기합리화를 하게 된다.

이 글이 '자기기만적인 (신념의 주체인) 내담자와의 철학상담이 가능한지'를 묻고 있기에, 그 질문에 답변하기 위해서는 자기기만 그 자체의 정합적인 도식을 제시할 필요가 있어 위의 특징적인 세 단계를 좀 더 구체적으로 세분화하여 아래와 같이 설명하고자 한다. 괄호 안의 알파벳은 자기기만을 형성하는 순차적 단계를 가리킨다.

P라고 믿을 만한 증거가 충분하여(Ⓐ), P가 사실이라는 것을 알면서도(Ⓑ), 자기편애, 무시 받을 것에 대한 두려움 등의 개입으로(Ⓒ), P가 아니었으면 좋겠다는 원망願望적 사고에 따라(Ⓓ), P가 아니라고 믿게 된다(Ⓔ).

---

6 柏端達也,《新·心の哲学Ⅲ 情動篇》, 東京: 筑摩書房, 2014, p. 161.

앞서 자기기만의 정의定義에서 위장하는 것에 '익숙해지고', 끝내 '자신을 위장하는 지경'에 이른 상태는 분명 장기간에 걸쳐서 들키지 않기 위해 일련의 복잡한 행위를 품고 살아가는 내담자일 것이다. 즉, 자신을 속이고 있다는 것은 일종의 '행위'이다. "자기기만의 성립에 행위가 관련될 수 있다는 것을 부정하기 어렵다.["7] 그렇다면 그 내담자는 분명 위장의 내용들을 어느새 자신의 삶의 목표인 양, 또는 마치 그것을 이상理想으로 여기는 신념에 세뇌되어 있는 사람으로서 행동할 것이다. 위의 Ⓐ에서 Ⓔ까지 이르는 전 과정은 분명 "사실이 아니라고 알고 있는 사항을 자신이 믿고 있는 것처럼 행위하는 경우이다. 또는 적어도 진실이라 말할 수 없는 것을 믿고 있는 것처럼 행동하는 경우["8]일 것이다.

이렇듯 누구에게나 신념과 행위의 장기지속은 자기합리화로 이어질 수밖에 없다. 모순적이고 기만적일 경우에는 더욱 그러하다. "상대적으로 장기간에 걸친 여러 행위들의 결과는 자기기만적인 신념이 그 주체 안에서 형성될 수밖에 없다고 보기 때문에 이러한 사람을 가리켜 '자기기만적인 신념의 주체'라고 불러야 마땅하다["9]는 입장에 이 글은 동의하는 것이다.

---

7 물론 통상적으로 자기기만의 생성에 '행위'가 필요하다고 주장하지만, 여기에서 말하는 행위는 자기기만에 있어 '약한 의미'의 행위이다. 주체의 논리적 무결성을 전제로 하지 않기 때문이다. '강한 의미'에서의 행위는 자기기만의 생성에 필요한 여러 행위의 전체가 '자기를 속이는 것'으로서 기술 가능한 하나의 행위라고 생각한다. 柏端達也,《自己欺瞞と自己犠牲》, pp. 13-14 참조.

8 柏端達也,《新・心の哲学Ⅲ 情動篇》, 東京: 筑摩書房, p. 161.

9 柏端達也,《自己欺瞞と自己犠牲》, 東京: 勁草書房, 2014, p. 14 참조.

그렇다면 각 단계별 개입 가능한 철학상담적 역할 또는 효용을 아래에서 제시해 보고자 한다. 그것은 내담자로 하여금 타자의 열린 질문을 수용하여 자신이 스스로에게 간극을 도입시킴으로써, 자기기만의 정합성을 깨부수는 일이 진척될 수 있도록 조력하는 역할을 할 수 있기 때문이다.

먼저, Ⓐ와 Ⓑ 단계에서는 철학상담에서의 산파술적 대화와 비판적 사고 훈련을 통해 내담자가 지닌 신념 체계, 개념에 대한 이해 등을 검토할 수 있다.

Ⓒ 단계에서는 가령 자기편애, 무시나 차별받을 것으로부터의 두려움, 열등감과 자기우월감, 인정욕구, 자기확신의 부족 등 자기기만의 배후에서 작동하는 내담자의 주요 이슈를 파악하는 훈련이 수행될 수 있다.

Ⓓ와 Ⓔ 단계에서는 참여자의 원망願望적 사고와 자신을 속이는 일종의 행위들을 검토하여, 그가 지닌 인격의 내성력內省力과 도덕의지의 박약 정도나 반복되는 패턴 및 비합리적인 신념과 가치 등을 파악할 수 있다.

위와 같은 철학상담의 적극적인 역할에도 불구하고, 이 글은 '자기기만적인 내담자와의 철학상담은 가능한가'에 대한 답변으로서 '소인에게는 다소 어렵고, 준-군자에게는 가능하다'고 말하겠다. 이에 대한 구체적인 근거는 뒤에서 동아시아 전통 사상 가운데 《대학》,《중용》 및 《주자어류》 등 유가의 문헌을 중심으로 하여 군자와 준-군자 및 소인의 자기自欺에 관한 언설들을 살펴보며, 자기기만의 과정에서 기만의 층차를 보이는 내담자에게 철학상담이 각기 다르게 개입될 수 있음을 논의할 것이다.

군자와 소인의 자기自欺

앞서 '자기기만'의 구조적 가능성에 대해 살펴보았다. 자기기만은 실제 그 구조적인 가능성 때문에 모든 사람이 행할 수 있는 것이기도 하다. 다만, 그 가능성에도 기만의 수준과 정도에 따라 차이가 있기에, 삶의 방식이나 인간관계의 양태가 서양과 다른 동아시아 사회에 국한하여, 그 사회 구성원의 잠재의식에 배어든 전통적인 사상과 문화 속에서 논의해 보기로 한다.

이를 위해 우선 유교적 사회체를 구성해 온 페르소나의 전형을 군자와 소인으로 대별한 뒤, 무엇이 그들의 자기기만 형태마저 차별적으로 드러나게 했는지, 그리고 그 지점이 어디인지를 포착하여 논의해 보고자 한다.

일반적으로 군자와 소인 사이의 자기기만 양태는 어떻게 다른가? 주지하다시피 유가의 문헌 가운데 '스스로 속임(自欺)'에 관한 대표적인 언설은《대학》, 〈성의誠意〉장에 등장한다.

이른바 자신의 뜻를 정성스럽게 (견지)한다는 것(誠其意)은 스스로를 속이지 말라는 것이다(毋自欺). 악취를 싫어하고, 호색을 좋아하는 것과 같으니, 이것을 자겸自慊이라 이른다. 그러므로 군자는 반드시 그 홀로 아는 바의 곳을 신중히 하는 것이다(愼其獨).

자기하지 말라(毋自欺)는 요청은 그 예시에서 알 수 있듯이, 자신의 속마음과 내면의 소리에 진실되게 하라, 즉 '내성內省하라'는 권고이다. 군자론에서 보면 소인에게 무자기毋自欺가 가능한가? 한마디로 말해 불가능하다. 안타깝게도 소인은 자신의 내면에 성실히 머무는 것이 불가능하기 때문이다. 아래는 군자의 신독愼獨에 대별하여 소인의 기만적인 행위를 묘사한《대학》,〈성의〉장의 구절이다.

소인이 한가로이 거할 때에 불선不善한 것을 하되 이르지 못하는 바가 없다가, 군자를 본 뒤에 겸연쩍게 그 불선을 가리우고 선善을 드러낸다. 남들이 자기를 보기를 자신의 폐부를 보듯이 할 것이니, 그렇다면 무슨 유익함이 있겠는가. 이것을 일러, '중심中心에 성실하면 외면外面에 나타난다'고 하는 것이다. 그러므로 군자는 반드시 그 홀로 아는 바의 곳을 신중히 하는 것(愼獨)이다.

군자를 만난 소인의 태도로부터 소인은 의도적으로 자신을 합리화하고 타인을 속인다는 사실을 알 수 있다. 소인은 외부적인 이해관계에 좌우되기 때문에 다른 사람을 속이고, 타인의 시선을 의식해 스스로를 위장한다. 더군다나 소인은 자신의 폐부가 훤히 들여다보이는 사람이므로 제아무리 위장을 해도 타인에게 들키기 쉽다.

그렇다면 두 문단에서 언급된 자신만이 홀로 알고 있는 속마음에서 '인욕'이 싹틀 수 있음을 삼가 경계하는 군자의 신독이 소인에게도 가능한가? 불가능하다. 왜냐하면 신체의 욕망에 유래하는 (앞서 언급했던 ⓒ 단계와 관련함) 불선을 기능하게 하는 것이 '자기'라는 내면의 구조이기 때문이다. 이처럼 "소인은 군자와 다르게 신독할 수 없는 까닭에 자기기만을 그만둘 수가 없다."[10]

소인에게 독獨의 확충이 불가능한 까닭은 무엇 때문일까? 신독에 대한 주희朱熹(1130~1200)의 《대학장구》와 《중용장구》의 주석은 각각 아래와 같다.

그 뜻을 성실히 하는 것은 자수自修의 첫 머리이다. … 독獨은 남은 알지 못하고, 자기만이 홀로 아는 바의 곳이다. … 그 성실하고 성실하지 못함은 남은 미처 알지 못하고 자기만이 홀로 아는 데 있다. 그러므로 이것을 삼가여 그 기미를 살펴야 함을 말한 것이다.

독獨은 다른 사람들은 미처 알지 못하고 자기만이 홀로 아는 곳이다. 유암의 가운데와 세미한 일은 자취가 비록 나타나지 않았으나 기미가 이미 동하였고, 남이 비록 알지 못하나 자기가 홀로 알고 있으니, 이는 천하의 일이 드러나 보이고 밝게 나타남이 이보다 더함이 없는 것이다. 이러므로 군자가 이미 항상 계구戒懼하고, 이에 더욱 삼가함을 가하는 것이니, 인욕을 장차 싹틀 때에 막아서 은미한 가운데에 속으로 불어나고 자라서 도를 떠남이 멂에 이르지 않게 하는 것이다.

이렇듯 자신만은 알고 있는 그곳에 ⓒ 단계의 인욕이 개입되면 지행 불일치의 가능성이 예고된다. 그 때문에 인욕이 싹트지 않도

10 中島隆博, 《共生のプラクシス》, 東京: 東京大學出版會, 2011, p. 16.

초연결 네트워크 속 야누스적 예고를 대하는 철학대화 |

록 경계하는 것이 '신독'이다. 그리고 이것은 《대학》의 성의 및 무
자기의 언설과 연결 지을 수 있다. 즉, 그 뜻을 성실히 하는, 자신
의 내면성을 존립하게 하는 것은 스스로를 속이지 않는 것이다.

따라서 독처의 출현을 위해서는 성의해야만 한다. 주자학의 자
기수양론 프로그램으로서 "의意를 성실하게 했을 경우, 일체의 허
위와 인욕의 사私가 사라진다"는 이 내면화의 과정이 바로 그 뜻
이다. 그러나 소인에게는 이것이 가능하지 않다. 이러한 구조의
가능성 안에서는 자신의 기만을 눈치 채지 못하는 것이 오히려 어
려운 일임에도 불구하고, 소인은 인정하지 않으려고 하기 때문이
다. 따라서 불선을 행하지 않아야 함을 알면서도, 자기애에 매몰
되어 그것을 버리지 않는 것이 자기기만이다. 그런데 여기서 자기
기만의 정도가 다른 차원의 경우도 염두에 둘 필요가 있다.

스스로를 속인다는 것은 반쯤은 알고 반쯤은 모르는 사람(半知半
不知底人)을 가리킨다. 비록 내가 마땅히 해야 하는 선한 행동을 알고
있다고 해도, 십분 선을 실천하지 않는 경우가 있다. 비록 저지르지
않아야 하는 악한 행동인줄 알고 있으면서도 나 자신이 좋아하는 것
이라서 그만둘 수 없는 경우도 있다. 이런 것들이 스스로를 속이는
일이다. 우리가 모르고 있다는 것조차 심지어 잘 모르는 상황도 속고
있는 상태라고 부를 수 있겠지만, 그와 같은 상태를 곧바로 "스스로
를 속이고 있는 상태"라고 부를 수는 없다. _《朱子語類》(16: 71)

여기서 반쯤은 알고 반쯤은 모르는 사람들로 칭한 주자의 언설

은 앎의 불충분함과 불확실함, 지력의 취약함과 비합리적인 신념-태도 등의 문제가 유발한 지행의 불일치와 관련이 있다. 소인은 충분한 지력을 갖고 있지 않기 때문에 '자기기만'할 줄을 모른다. 즉, 추론 능력이 없는 주체는 자기기만이 성립하지 않는다는 것이다. 이 때문에 "소인의 속임을 자기기만이라고 부르지 않고, 그냥 사기詐欺일 뿐이라고 말한다."[11] 소인의 속임은 자기기만이 아니라 소인의 단순한 위장이기에 그냥 사기 또는 기만이라고 불러야 한다는 것이다.

자기기만적인 신념을 자각하지 못하는 주체는 스스로 아무것도 모르고 저지르는 상태이기 때문에 자기기만이 성립될 수 없으니, "주희가 어떻게 해서든 소인에게 '자기기만'의 가능성을 인정해 주고 싶지 않은"[12] 까닭도 여기에 있다. 이렇게 보면, 소인의 "자기무지 자체는 자기기만이 아니다. 한 사람은 태생적으로 아둔하거나 또는 부주의에 의해 자기무지 상태에 있을 수 있기 때문이다."[13] 이에 이병덕은 '자기기만'의 도식을 아래와 같이 나타낸다.

자기무지self-ignorance + a = 자기기만[14]

그렇다면, 주자는 앎이 미진한 것(知不至)과 자기自欺를 어떻게

---

11 中島隆博, 《共生のプラクシス》, p. 23.

12 中島隆博, 《共生のプラクシス》, p. 24.

13 이병덕, 〈슈메이커, 이차믿음 그리고 자기기만〉, 《철학연구》 제47집, 348쪽.

14 이병덕, 〈슈메이커, 이차믿음 그리고 자기기만〉, 347쪽.

구분하고 있을까?

　"앎이 미진한 것과 자기自欺를 어떻게 구분할 수 있는지요?"라고
물었다. (선생께서) 답하시기를 "소인은 혼자 있을 때 좋지 못한 행
동을 멋대로 하다가 군자를 보고서야 부끄러워하며 자신의 선하지
못한 행동을 은폐하고 착한 모습을 드러내고자 한다'라는 《대학》의
구절은 다만 앎이 미진했기 때문이다."

　"앎이 미진한 데도 그 지경에 이르렀는지조차 자각하지 못한다면
그 상황은 필연적으로 스스로를 속이는 상태(自欺)에 이르겠군요"라
고 물었을 때, (주자는) "그 상황이 반드시 거기에 이르겠지"라고 말
씀하시고는 잠시 있다가 다시 "그렇지만 알지 못한다는 것조차 인식
하고 있지 못하는 경우는 이것과는 구별된다. 그것도 논해 보면 (결
국) 잘못 이해하고 있다는 말인데, (알지 못한다는 것조차 인식하고
있지 못하는) 것은 선하지 못한 것을 선한 것이라고 여기고서도 스스
로는 알지 못하고 있는 경우이기 때문이다. 그것은 앎이 미진해서 스
스로를 속이는 상황에 처하는 것과는 실로 '오십 보 달아난 놈이 백
보를 도망간 놈을 비웃는 격'이지만 구별되기는 한다."

　"이 두 가지를 요약해 보면 그 원인이 격물 공부가 모자라서라고
말할 수 있겠네요."

　"그렇다고 볼 수 있지."_《朱子語類》(16: 70)

　위의 언설로부터 앎이 미진하여 자기에 이른 상태를 자각하지
못하는 경우와 자각하는 경우를 상정해 볼 수 있다. 즉, 소인 가운

데 자기기만적인 신념을 의식하는 주체는 변화의 가능성을 지닌, '군자로 향하는 도상'에 있는 준-군자의 모습일 수 있는 점이다. 이 경우에는 철학상담사의 역량에 따라 철학대화가 충분히 가능하며, 자기변화를 도모할 수 있다. (물론, 준-군자 가운데 성의의 문턱을 넘어서지 못하는 경우에는 소인에 그칠 수 있다.)

이제, 필자는 성의에 이른 군자와 구분되게 준-군자와 소인의 기만적 특징을 아래와 같이 요약하고자 한다.

소인

① '성의'의 문턱 앞에서 넘어서지 못하고 머물러 있음. 이 때문에 자기계몽의 가능성이 매우 낮음. 자기내면화의 프로그램에 참여하는 것조차 어려울 수 있음.

② 군자처럼 타인의 시선이 미치지 않는 '독'처가 없기에 스스로를 속일 수 없음.

③ 폐부가 훤히 보이는 자이므로 다른 사람을 속이는(欺人) 일도 결국엔 잘 되지 않음.

④ 자기선택에 있어 자기합리화나 기만의 방식을 취함.

준-군자

① 앎이 다소 미진할 뿐 아직 자기기만에 빠지지 않은 상태로서 적어도 시비를 판가름할 수 있는 상태임.

② '성의'의 문턱 앞에서 넘어서고자 함.

③ 스스로를 새롭게 할 수 있는 가능성을 지님. 즉, 추론이 가능한

합리적 신념의 주체는 모순을 깨달을 수 있고, 기만의 지점을 지적받았을 때 변화 가능함.

소인은 다른 사람으로부터 볼 수 있는 것만 봄으로써 자신의 내면에 머무는 일이 허용되지 않는다. 소인의 지적인 능력 또한 주희가 "앎에 털끝만큼이라도 미진함이 있다면 반드시 자기自欺에 이를 것"이라고 말한 이상, 소인의 지력은 매우 취약하므로 앎을 넓혀 가는 훈련이 필요하겠다.

이에 비해 "군자는 의도적으로 스스로 자기를 속이는 것이 가능하다. (자기기만이 가능한 쪽은 군자이지만 그렇다고 해서 완전한 군자는 아님. 경우에 따라 준-군자나 소인이 될 수 있음.) 가능하기 때문에 역으로 말하자면, 자신을 속이지 않고 의도적으로 진실무망함을 말할 수 있다."[15] 이렇게 본다면 군자의 자기로부터 성의로의 이행은 크게 어렵지 않다.

이상에 걸쳐 자기기만에 있어서 여러 층위의 내담자를 만날 가능성에 대비하여 (성의에 이른) 군자, (성의의 문턱을 넘어서고자 하는) 준-군자, (성의의 문턱을 넘어서지 못하는) 소인의 세 유형의 기만의 다른 정황을 살펴보았다. 이어서 소인 및 준-군자의 내담자가 자신의 경계를 넘어설 수 있는지의 여부를 PCCE 프로그램 가운데 하나인˚〈자기대화록〉 세미나를 통해 살펴보려 한다.

....

15 中島隆博, 《共生のプラクシス》, pp. 21-23.

성의誠意의 마중물로서 〈자기대화록〉 세미나

철학상담사는 어떻게 하면 자기기만적인 신념의 주체를 향한 철학대화를 이끌어 갈 수 있을까. 단순히 모순을 품고 있는 것이 아니라, 자기기만적인 행위를 끊임없이 수행하도록 하는 성실하지 않은 행위, 이에 대한 유가의 문헌들에서 등장하는 철학상담적 요청은 앞서 살펴보았듯이 우선적으로 "성의"였다.

실제로 "성의"의 문턱을 넘지 못하는 자기기만적 신념의 주체의 내담자는 "특정 신념에 관한 질문에 대해서는 체계적으로 거절하거나 거절하는 것을 무한 반복하는 경우"[16]를 흔히 보일 수 있다. 내담자가 보이는 '거절'의 태도가 바로 자기기만의 비합리성이 존재하는 지점이나, 내담자는 모순이 지적되어도 인정하지 않으려는 태도를 견지할 것이다. 이러한 단계가 다름 아닌 심각한 자기기만의 상태라고 볼 수 있는데, 이러한 성의의 문턱 앞에서 머물고 있는 내담자에게는 계구와 신독 같은 내성적 '자각'이 일어날 기회를 기대하기 힘들다.

더구나 교언영색한 소인의 내담자의 경우, 상담사 또는 참여자들의 도전적인 질문 앞에서 위장하기 위해 "자신이 한 말을 차분히 침착하고 교묘하게 설명한다."[17] 여기서 상담자가 주목하여 관찰하는 것은 그/그녀의 발언하는 태도(행동, 실천력 등) 사이의 부

---

16 柏端達也,《自己欺瞞と自己犠牲》, p. 34.
17 柏端達也,《新·心の哲学III 情動篇》, p. 159.

조리함이다. 그/그녀는 자신의 부정합성을 일으키는 데에 작용한 인욕人欲을 철저히 감출 수 없기 때문이다.

그렇다면 내담자 스스로가 '소인에서 준-군자'로, '준-군자에서 군자'로 넘어설 수 있도록 하기 위해 철학상담사에게 절실하게 요구되는 것은 무엇일까? 필자는 상담사가 자기기만적인 내담자를 간파할 수 있도록, 상담사로 하여금 우선적으로 자기기만을 스스로 돌아보게 하는 작업을 수행하게 하는 일을 제안한다. 구체적으로는 PCCE 프로그램 가운데에서도 〈자기대화록〉 작성에서부터 〈자기대화록〉 세미나에 이르는 전 과정[18]을 제안한다. 특히 〈자기대화록〉 세미나는 철학상담사를 양성하는 임상 교육 프로그램 안에서 상담사의 능력을 효과적으로 단련시키기 위한 내성적 수행 과정—예컨대 주희가 말한 "격물 공부가 부족해서이다"라는 소인을 지목한 지적 사항에 대한 처방—으로서도 훌륭하게 기능한다고 생각하기 때문이다.

우선 〈자기대화록〉 세미나에 참여하는 인적 구성을 관찰자, 기록자, 발표자, 질문자, 응답자, 수련감독 등으로 구분하여 그 역할을 아래와 같이 간략하게 정리해 보고자 한다.

---

18 〈자기대화록〉은 일반 〈개인상담 대화록〉 작성의 형식을 따른다. 교육생은 PCCE 교육 기간 동안 다루어진 자신의 이슈들 가운데 핵심 이슈를 가지고 스스로를 내담자로 세워 자신과의 개인상담을 진행한다. 상담사가 자신의 이슈에 집중하여 성찰하고 제대로 직면하고 있는지의 여부는 작성한 〈자기대화록〉을 바탕으로 세미나 교육 시간을 통해 점검할 수 있다. (출처: 한국철학상담치료학회 PCCE 프로그램 9 / 수련감독: 박병준, 홍경자)

참여자는 역할 분담하여 내담자의 말, 상담자의 말, 그 외 지문 등을 읽는 세 사람을 필요로 한다. 수련감독은 발표자를 제외한 참여자가 훈련에 집중할 수 있도록 내담자와 상담자의 말을 낭송하며, 발표자는 지문 등을 읽어 역할을 구분한다. 대화록 낭송이 끝나면 경청한 대화의 내용을 바탕으로 수련감독이 제작한 발표자의 이슈와 자기기만의 지점을 찾아 적는 〈작성지〉를 정해진 시간 안에 완성해야 한다.

발표자: 조탁彫琢되고 생성되는 자기

자기기만은 내담자가 P라는 두려움의 사실로부터 은신할 수 있는 유효한 수단이다. 자기기만적인 내담자가 자신의 기만 행위의 상태를 인정하지 않으려는 까닭도 여기에 있다. 이 때문에 자기기만의 연쇄적 순환의 고리를 파괴할 수 있는 방법으로서 철학대화는 매우 중요하다. 왜냐하면 자기기만의 발표자로 하여금 스스로 자신에게 간극을 도입할 수 있도록 참여자들이 그/그녀의 자기기만을 자각하게 하는 열린 질문들을 계속해서 던지기 때문이다.

소인의 경우 자신의 기만을 체계적으로 은폐해 왔으나, 정작 은폐하고 있는 것이 구체적으로 무엇인지 모를 수 있다. 때문에 우선적으로 자기 자신과의 대화를 시도하게 하고(〈자기대화록〉 작성)→질문자의 응답을 통해 자신에게 몰입하는 철학대화(〈자기대화록〉 세미나)의 교육 시간을 갖고 수련감독의 개입으로 좀 더 도전적이고 비판적인 열린 질문을 통해 자신을 조탁하는 과정을 갖는다.

이러한 교육 시간을 통해 현재 자신이 신체적, 의미적 통합을 통해 얻은 결과로서 과거의 자신을 회수하게 되어 처음으로 과거의 자신을 "현재 자신의 과거"라고 칭할 수 있는 자격을 얻게 되면, 수련감독과 동료들은 발표자에 대한 격려와 지지의 메시지를 보낸다.

이처럼 참여자와의 응답 속에서 발표자는 불명확했던 자신의 생각을 깎고 논리성을 점차 확장시킨다. 이러한 과정에서 발표자(자신)와 참여자(타인)의 윤곽輪郭이 뚜렷해지고, 발표자만의 고유성이 명확하게 드러나게 된다. 물론 이러한 고유성 안에는 발표자의 이슈도 포함된다. 〈자기대화록〉을 활용한 상담실습 교육을 통해 치유적 성과의 과정을 기대할 수 있는 조탁과 자기생성의 과정을 아래와 같이 정리할 수 있다.

① 〈자기대화록〉 작성: 1급 이상의 자격 수준에 달하는 심화 과정에 해당한다. 자신과의 거리두기 및 자기를 상대화하면서 타자로서의 자기를 체험하게 한다. 자기로의 시점을 상대화하여, 재사유하고 재경험할 수 있는 기회를 얻게 된다.

② 현장에서의 질의 문답: 예측할 수 없는 현장성이 변수가 된다. 관찰 능력을 배양하는 시간이기도 하다. 특정한 상대의 얼굴 태도 등을 관찰할 수 있다. 낯설지만 변화 가능하며 끊임없이 조탁되고 새롭게 생성되는 자기를 만날 수 있다.

③ 상호 간의 최종 평가: 타자 안에 존재하는 자신을 발견할 수 있다.

다만, 앞서 '자기기만적인 내담자와의 철학상담은 가능한가'에 대한 답변으로서 '소인에게는 다소 어렵고, 준-군자에게는 가능하다'고 말한 바 있다. 준-군자는 스스로 새롭게 할 수 있는 개선의 가능성을 지니지만, 소인은 자기계몽의 프로그램에 편입되는 것조차 어려운 내담자라고 볼 수 있기 때문이다.

소인에게 절실한 것은 이슈가 되는 불성의 시작인 '자기'(스스로를 속이다)를 멈추도록 하는 것이다. 이를 위해서는 무엇보다도 자기自欺가 싹틀 수 있는 그 계기부터 차단하는 것이 요청된다. 따라서 필요에 따라 대화의 기술상 미리 차단하고, 금지하는 것은 독의 자성 및 실행의 유도 방안과 관련지을 수 있는 수단이 될 수 있다.

준-군자의 경우 가령 ⓒ의 단계에서 자신이 지니고 있는 부조리함을 자각하고 구체적인 이슈를 알아차렸다면, 그것은 이미 '신독'과 '성독'의 결과인 셈이다. 그/그녀가 자신만이 홀로 아는 곳, 즉 자신의 내면성을 존립시키기 위해 스스로 자신을 내면에 침잠시켜서 자신의 이슈를 들여다보는 작업을 신중하고 성실하게 수행했기 때문이다.

질문자: 타인 안에서 새로이 만나는 자기

자기기만적인 신념의 주체는 "진실된 정보나 사실을 언급하기를 '거부'할 것이다. 또한 모순이 드러났을 때, 분명 '몰랐다'고 말할 수 있다. 특히 자기기만이 일으키는 의도나 신념, 욕구에 대해 그간 체계적으로 그것을 은폐해 왔기 때문에"[19] 즉흥적인 질문에 순

----

19 柏端達也,《自己欺瞞と自己犠牲》, p. 18.

발력 있게 또는 정확하게 말할 수 없을 것이다. 이러한 부분은 소인의 내담자라면 아마도 〈자기대화록〉 안에서 자기기만의 흔적이 여실히 드러날 것이다. 그러나 세미나라는 현장성 때문에 참여자와 수련감독의 열린 질문과 도전적이고 비판적인 질문에 대해 더 이상 숨을 곳이 없으며, 이러한 상황에서 모호한 생각을 뚜렷하게 만들기 위한 대화의 과정은 자신의 언어로 표현함으로써 스스로를 단련하는 계기가 된다. 또한 발표자에 한에서만이 아니라, ⓒ의 단계에 주목했을 때 PCCE의 〈자기대화록〉 세미나 자체가 실존적 자아를 출현케 하는 방식이 되기 때문에, 질문자 역시 자신의 기만을 눈치 채게 하는 강력한 역할을 할 수 있다.

하지만 철학상담사라 할지라도 자신이 내리는 정확하다고 자부하는 판단들이 실상 현실에서 내담자의 구체적인 이슈에 적용시킬 경우 어떠한 예상치 못한 문제들이 발생하게 될지 전연 알지 못한다. 그 때문에 수련감독에게도 '타인 안에서 새로이 만나는 자기발견'이 요구된다. 다시 말해 그/그녀도 자신이 갖춘 이론과 실제 구체적인 현실 사이에서의 간극을 다수의 타자에 대한 임상경험으로 넘어서는 데 철학적 지혜를 발휘하고 책임을 다해야 할 것이다.

정리하는 말

인간은 누구라도 '자기탐색'과 '자기이해'의 과정을 넘어서 '자기

변화'를 맞이할 수 있다면,[20] 충분히 '성의誠意'에 도달해 '성독誠獨' 할 수 있는 '화성化性' 가능한 군자라고 부를 수 있을 것이다. 그 때문에 필자는 철학상담사가 '자기기만'으로 인해 '스스로 괴로워하는' 내담자를 만날 경우, 그를 일단 군자를 향해 가는 도상에 있는 '준-군자'로 부를 것을 제안한다.

이에 반해 자기기만을 눈치 채지 못하는 내담자를 가리켜, 내성적 통찰력의 부족은 물론 사회적 관계에서 자기통제를 위한 도덕의지마저 박약한 소인에 해당한다고 결론짓는다. 나아가 그런 연유에서 필자는 이 글을 통해 소인 및 준-군자에 해당하는 내담자이자 예비 철학상담사들에게 PCCE 프로그램 가운데 〈자기대화록〉 세미나를 '자기기만'을 다스리는 수련 방법으로서 제시했다.

또한 필자는 "철학실천은 개념 정립이나 새로운 이론 체계를 만드는 것이 아니라 인간 각자가 자기 삶의 문제에 직면하여 자기 스스로 자신의 문제를 직접 해결한다는 점에서 '치유의 철학'이며, 그 과정이 자유로운 철학적 대화를 목표로 한다는 점에서 '대화의 철학'"[21]이라는 주장에도 전적으로 동의한다. 왜곡된 자기와의 관계맺기 방식인 자기기만에 대한 근본적 치유의 과정으로서 '철학대화'는 PCCE가 제기하는 여러 프로그램의 전제나 다름없기 때문이다.

----

20 박병준, 홍경자의 철학상담 방법론 '초월 기법' 참조.

21 박병준·홍경자, 《아픈 영혼을 철학으로 치유하기: 철학상담을 위한 공감적 대화와 초월 기법》, 15쪽 참조.

결국 이 글의 목표는 '대화의 철학'을 실천하기 위한 PCCE 프로그램 중 하나인 〈자기대화록〉 세미나를 제시하는 데 있다. 그것은 다름 아닌 (제목이 최선의 결론이듯 동어반복적이긴 하지만) 제목의 의미대로 '자기기만을 대對하는 철학대화對話'이다. 주지하다시피 어떤 경우에도 "대화는 기호와 의미의 기계적 교환이 아닌 살아 있는 단어의 교환이며, 당사자의 대화 사이에는 긴장 관계가 존재한다."[22] 이러한 긴장 관계 속에서 참여자는 타자와의 역동성을 통해 자신을 탐색하는 계기를 얻게 된다. 더욱이 인격적 대등성과 상호성을 전제로 하는 PCCE 프로그램의 〈자기대화록〉 세미나를 통해 공동체 내에서의 철학대화가 가능하다면, 적어도 참여자가 자기무지에서 벗어나고 군자를 지향하려는 실행 의지를 성실하게 견지하여(誠其意) 스스로를 속이지 않도록(毋自欺) 조력할 수 있다고 믿는다.

22　納富信留, 《対話の技法》, 東京: 笠間書院, 2020, p. 38.

참고문헌

《大學章句》
《中庸章句》
《朱子語類》

박병준 · 홍경자,《아픈 영혼을 철학으로 치유하다: 철학상담을 위한 공감적
　　대화와 초월 기법》, 서울: 학이시습, 2018.
项飙 · 吴琦,《把自己作为方法: 與项飙談話》, 上海: 上海文藝出版社, 2020.
納富信留,《対話の技法》, 東京: 笠間書院, 2020.
柏端達也,《新 · 心の哲学III 情動篇》, 東京: 筑摩書房, 2014.
＿＿＿＿,《自己欺瞞と自己犠牲》, 東京: 勁草書房, 2014.
中島隆博,《共生のプラクシス》, 東京: 東京大學出版會, 2011.

이병덕,〈슈메이커, 이차믿음 그리고 자기기만〉,《철학연구》제47집, 1999.
이찬,〈지행문제의 도덕심리학적 이해 - 주희의 自欺와 眞知에 대한 관점을
　　중심으로 - 〉,《철학》제99집, 2009.
한국철학상담치료학회,〈http://philcounseling.net/html/sub05 - 04.asp〉
　　(검색일: 2023년 5월 13일)

초연결 네트워크 속 아누스적 에고를 대하는 철학대화 |

초연결시대
관계의 상전이相轉移 연구

2023년 6월 30일 초판 1쇄 발행

지은이 | 이광래 조창오 이영의 김재경
          홍단비 정성미 김여진
펴낸이 | 노경인 · 김주영

펴낸곳 | 도서출판 앨피
출판등록 | 2004년 11월 23일 제2011-000087호
주소 | 우)07275 서울시 영등포구 영등포로 5길 19(양평동 2가, 동아프라임밸리) 1202-1호
전화 | 02-336-2776   팩스 | 0505-115-0525
블로그 | bolg.naver.com/lpbook12
전자우편 | lpbook12@naver.com

ISBN 979-11-92647-16-6